작가
노동
선언

작가노동선언

우리는 글 쓰는
노동자다

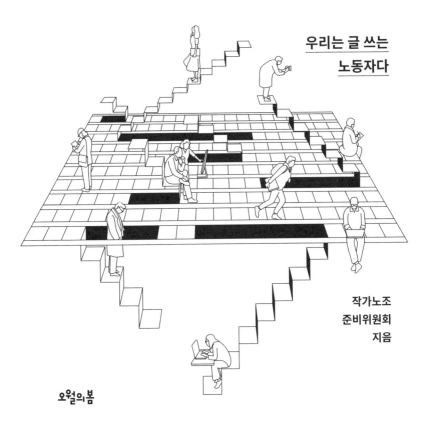

작가노조
준비위원회
지음

오월의봄

함께라는
믿음으로

이 글을 쓰고 있는 2025년 3월 10일 현재 작가노조 준비위원회 회원들의 대화방에는 52명이 모여 있습니다. 메신저를 쓰지 않는 몇 분을 더하면 숫자는 조금 더 늘어날 것입니다. 장르적으로 무척 다양한 글을 쓰는 작가들이 둘러앉아 있습니다. 르포, 에세이, 번역, 비평, 시, 소설, SF, 만화를 비롯해 예술고등학교에서 영화를 공부하는 고등학교 재학생도 있습니다. 한 사람이 여러 장르를 겸업하기도 합니다. 집필노동의 연장선상에서 강의, 강연, 인터뷰 등을 하기도 합니다. 서로의 처지도 다르고 관심사도 제각각이지만 현재로서는 하나의 공통된 목표가 자리하고 있습니다. '작가노조 준비위원회'라는 이름에서 '준비'를 떼어내는 것입니다. 한 걸음씩 천천히, 느리지만 분명하게 그 길을 걸어가고 있습니다.

다양한 주제로 포럼을 개최하고, 뉴스레터를 발행하고, 일상적인 회의와 면담을 이어나가고 있습니다. 2024년 6월 26일에는 서울국제도서전 개막에 맞춰 〈작가노동자 선언: 글쓰기도 노동이다〉라는 기자회견을 진행하기도 했습니다. '굶어 죽는 작가, 혼자서 싸우다 조용히 사라지는 작가, 글 쓰는 노동을 했을 뿐인데 몸과 마음의 병을 크게 얻은 작가들의 곁에 서겠다는 선언'과 함께 목소리를 높였습니다. 이번에 발간하는 책은 그 목소리를 더 크고 또렷하게 종이 위에 앉히는 일입니다.

누군가는 재택노동의 마음을 다잡기 위해 일할 때 옷을 갈아입습니다. 하루 평균 15시간의 연재노동을 지나고 자궁근종, 이석증, 공황장애를 얻은 작가도 있습니다. 인터뷰 과정에서 겪는 성범죄로부터 자신을 지키기 위해 고민합니다. 강연료를 정확히 알려주긴커녕 '얼마면 되냐'고 흥정하는 실무자를 맞닥뜨리기도 합니다. 무급노동을 은근히 요구받는 일이 부지기수고, 계약서의 최저선을 지켜내기 위해 항의하고 싸우기도 합니다.

읽다 보면 누군가는 이렇게 말할 것입니다. "좋아서 하는 일인데 그 정도는 참을 수 있잖아." 아닙니다. 노동의 대가는 싫은 것을 참는 것의 반대급부인 적이 없습니다. "그럼 더 유명한 작가가 돼서 나은 조건으로 협상하면 되잖아." 네, 작가들도 늘 그런 식의 자기검열을 합니다. 하지만 타인의 평가와 관계없이 지켜져야 할 당연한 조건들이 있습니다.

그래서 어떤 노조를 만들 거냐고요? 당신의 싸움을 이해하고 응원하며 지지하는 공동체를 꾸릴 겁니다. 농담과 유머가 있고 성평등한 극락의 공간이 될 겁니다. 서로의 노동과 일상과 삶을 지키고 돌보고 지지하는 동료 집단이 될 것이고, 여전히 골방을 사랑하면서도 연대의 공유결합을 만들어낼 여정이 될 겁니다. 그런 다짐과 전망이 이 책에 다 들어 있습니다. 하지만 완성된 건 아닙니다. 언제나 더 많은 작가들의 자리는 비어 있고, 쓰인 것보다 아직 쓰이지 않은 페이지가 더 많습니다. 작가노조는 이제 시작합니다.

이 책이 완성되어 독자들의 곁으로 갈 때쯤에는 '작가노조' 뒤에 더 이상 '준비위원회'라는 꼬리표가 달려 있지 않을 것입니다. 혹시 아직이라면, 곧 그렇게 될 것입니다. 이 모든 과정을 함께 지켜봐줄 독자들과 미래의 동지가 될 동료들에게 이 책을 보냅니다.

다른 작가들과 함께, 김홍 씀.

차례

2부 작가노조를 만들다

1부

어느
전업작가의
사정

박재용
과학과 사회, 과학과 인간 사이의
경계에 대해 글을 쓰는 전업작가 9년 차.
《아리스토텔레스와 그의 전복자들》,
《지속가능한 세상을 위한 통계이야기》,
《과학이라는 헛소리》 등 30여 권을
썼다.

전업작가 박재용

나는 전업작가다. 주로 과학책을 쓴다. 책의 프로필에는
'과학과 사회, 과학과 인간 사이의 경계에 관심을 가지고
공부하고 글을 쓴다'는 소개가 실린다. 나이가 들면 새벽
잠이 없어진다더니 내가 딱 그렇다. 9시면 잠자리에 들고
3~4시면 눈을 뜬다. 5시에서 6시 사이에 집필실로 출근해

서 오후 6시에 퇴근한다. 집필실에 가서는 네 번 정도 나와서 담배를 한 대 피우고, 5분에서 10분 정도 걷고 스트레칭을 하다 들어온다. 글을 쓰고 자료를 찾는 시간 이외에는 간단한 퍼즐 게임을 하거나, 페이스북을 하거나, 잠깐씩 뉴스를 보곤 한다.

원래부터 이랬던 것은 아니다. 작가 일을 하기 전 학원 강사로 일하고 공부방을 운영할 때는 12시 전에 잔 적이 거의 없고, 7시 전에 일어난 적도 별로 없다. 주말이면 어떻게든 약속을 잡아 사람들을 만나 술도 한잔씩 했다. 그러다 전업작가로 살면서 글 쓰는 일 외의 모든 일에 관심을 부러 끊고 있다. 계엄(이라 쓰고 내란이라 읽는) 정도가 아니면 시위나 집회에도 나가지 않는다. 그저 단체에 후원금을 보내는 것으로 면피한다. 아는 이들을 만나 한잔하는 것도 두어 달에 한 번 정도다. 집안일도 이전보다 적게 한다. 대단한 글을 쓰는 건 아니지만 거의 은둔자처럼 산다. 가끔 강연하러 갈 때나 출판사 사람을 만날 때만 이 루틴이 깨지는데 나이가 드니 다음 날에 영향이 크다. 사실 작가노조 준비위원회나 내가 속한 다른 단체의 온·오프라인 회의에 잘 참여하지 못하는 것도 모임이 대부분 저녁시간에 열리기 때문이다. 그때면 나는 맥주 한잔을 마시고 잠자리에 들어야 하는 시간이다. 그래야 루틴이 이어진다.

수입은 사실 강연이나 심사, 멘토링 등 다른 곳이 더 많다. 그래도 내가 스스로를 전업작가라 말할 수 있는 것은 노동 대부분이 글을 쓰는 일에 투여되기 때문이다. 얼추 내 노동의 8할 이상을 책을 기획하고, 자료를 찾고, 사실을 확인하고, 글 쓰는 일로 채운다. 그중에서도 자료 찾기 비중이 가장 크다. 누군가 내게 글 쓰는 것과 관련한 질문을 하면 나는 '글쓰기의 8할은 취재'라고 답한다. 기자가 취재해서 기사를 쓰듯, 나 또한 취재해서 책을 쓴다. 다만 취재의 대상이 많은 경우 기존에 나온 대중서와 교과서, 논문 등이라는 것이 약간의 차이점이다.

이와 관련해서 작년부터 큰 변화가 있었다. 유료 인공지능 서비스 클로드를 이용하게 된 것이다. 인공지능을 쓰면서 자료를 찾고 정리하는 시간이 절반으로 줄었다. 인공지능은 뭐랄까, 세상만사를 다 알지만 멍청하고 지루하며 자주 거짓말을 하는 비서 혹은 스크립터다. 항상 사실을 확인해야 해서 참고만 하지만, 그래도 비서가 하나 있으니 일손이 훨씬 줄어든다. 가령 '19세기 제국주의 시대의 주요 기술적 변화와 산업에의 영향' 같은 주제로 자료를 찾을 때, 일단 인공지능에 대략적인 주제를 정리하게 만들고, 쟁점을 확인시키고, 영어 검색어로 무엇이 좋을지 묻는다. 확실히 인공지능은 자료 찾기에 활용하기 아주 좋다. 내 수고를 많이 던다. 책 목차를 짤 때도 대략의 주제와 방향을 정하고 인공지능에게 먼저 짜보라고 한다. 아무것도 없는 상황에서 시작하는 것보다, 고루하고 교과서적이라도 누군가 짜놓은 목차를 참고하는 건 차이가 있으니까. 거기다 내가 써놓은 글에 빈틈이 있는지 확인할 때도 유용하다. 열 가지를 지적하면 그중 하나 정도는 쓸 만하다. 또 학술적인 부분의 경우 인공지능에게 기초적인 확인 작업을 시킨 뒤에 내가 세부적인 체크를 하면 시간을 덜 수 있다.

만 50세가 되던 2017년에 가족에게 전업작가 선언을 했다. 그전 3년 동안 매년 1권의 책을 출간하면서 어느 정도 간을 본 상태였다. 학원 강사로 뛰거나 공부방을 운영하며 나름 안정적인 생활을 꾸리고 있었지만 쓰고 싶은 글이 있었고, 내줄 출판사들도 있다는 판단도 했다. 아이들도 앞가림할 나이고, 아내도 초등학교 공부방을 하니 내가 좀 덜 벌어도 될 것이라는 생각했다. 그전 2년 동안 가족에게도 계획을 밝혀둔 상태였다. 아들이 "그럼 이제 내가 가장 노릇을 해야겠군"이라며 폼을 잡았지만 지금도 돈은 내가 더 번다.

처음에는 공부방을 하던 꽤 큰 평수의 원룸을 집필실로 쓰다가 월세 부담에 지금 있는 작은 원룸을 전세로 얻었다. 물론 전세의 대부분은 대출로 해결했다. 첫해에는 공부방을 할 때보다 수입이 3분의 1 정도로 줄었다. 3년 차쯤부터 소득이 오르더니 지금은 공부방을 할 때 벌었던 소득의 3분의 2 정도를 벌고 있다. 그래도 지출을 줄이니 안정적이긴 하다.

전업작가의 소득

짐작건대 내 소득은 전업작가 중 상위 5% 안에 들지 않을까 생각한다. 9년간의 전업작가 생활 동안 30여 권의 책을 출간했고, 공저 5권을 냈다. 1쇄를 다 소진하지 못한 책이 9권 정도고, 1만 부를 간신히 넘긴 책이 4권, 나머지는 그래도 2쇄는 찍었다. 대략 2억 원에 조금 덜 미치는 인세 수입이 있었다. 1년에 약 2400만 원, 한 달에 200만 원. 인세 수입으로 이 정도면 전업작가 중에서도 꽤나 높은 편일 것이다. 하지만 3인 가족의 생활비로 충분하진 않다.

인세는 보통 책 정가의 10%다. 하지만 중학생이나 초등학교 고학년을 대상으로 하는 책은 정가의 8% 수준이다. 그림 작가의 몫이 있기 때문이다. 또 초등학교 저학년 이하를 대상으로 하는 그림책은 그림 작가의 비중이 더 커서 인세가 4~6%로 줄어든다. 1만 5000원 정가의 책이면 성인 책 1권당 작가가 받는 인세는 1500원인 셈이다. 요사이 출판 시장이 어려워서 1쇄를 보통 1000~2000부 사이로 찍는 걸 생각하면 150만 원에서 300만 원이 보장된 수입이다. 2쇄를 찍어도 보통 500부나 1000부인데 이때부터는 아주 띄엄띄엄 들어온다. 내 경우에는 판매가 꽤 되는 책 10권 정도가 모여 요즘에는 1년에 평균 700만 원 정도가 들어온다. 이 인세 비율과 정산도 노조에서 풀어야 할 부분 중 하나다. 지금 내 나이가 58세이니 작가 생활은 앞으로 길어야 10년 정도일 것이다. 희대의 역작이나 필생의 대작은 쓸 생각도 능력도 없고, 2쇄 정도는 찍는 그때그때 필요한 책을 매년 5~6권 출간해서 100권을 채워보는 것이 나름의 목표다.

칼럼이나 다른 부수입은 소소한 편이다. 가장 큰 건 강연이다. 2시간 강연에 30~40만 원 정도 된다. 주로 중고등학교나 도서관에서 의뢰하는 강연이고 가끔 공무원

연수나 과학관, 시민단체 등의 강연도 한다. 기업은 강연료가 보통 150~200만 원으로 높은데 내가 쓴 책이 기업이 좋아할 내용이 아니라 거의 부르질 않는다.

　내 책과 팔린 권수에 비해 강연 횟수가 아주 많지는 않은데 그 이유 중 하나는 학력이다. 대학 중퇴. 물리학과에 입학했으나 1학년 때부터 그저 운동권이었을 뿐이다. 연행과 구속, 집행유예, 시위로 4년을 보냈고 미련 없이 대학을 그만두었다. 아직껏 후회는 없는데 강연에는 제약이 된다. 일단 과학책을 주로 내니 그쪽 강연 수요가 많은데, 나를 제외한 다른 과학 강연자(보통 과학 커뮤니케이터라 부른다)는 대부분 박사학위 소지자고 그렇지 않은 경우에도 최소한 박사과정이거나 박사 수료다. 직업도 교수나 연구원 등이 많다. 학교든 도서관이든 실무자들 입장에서 대학 중퇴에 베스트셀러도 없는 전업작가는 윗선에 보고하기 쉽지 않은 노릇이라 이해한다. 더구나 이들 기관 대부분의 강사료 기준이 학력과 경력이라, 그마저 없는 나는 늘 최소 금액을 받을 뿐이다. 정부 예산이 확 줄어든 2024년에는 그나마 있던 강연 횟수도 반 토막이 났다.

　강연이 적은 이유 중 다른 하나는 삐딱하기 때문이 아닐까 생각한다. 기후위기 강연을 하러 가서도 자본주의 자체의 문제를 논하거나 정부와 기업에 화살을 꽂고, 통계 이야기를 하면서 불평등을 주된 예시로 드는 등 정부와 관련된 이들이 다시 부르기 꺼릴 내용이 많다. 그런데 나름 '과학작가'다 보니 이런 쪽을 좋아할 만한 노조나 시민단체에서는 또 별로 잘 부르질 않는다. 어쩌겠는가? 내가 삐딱한걸.

그래도 재작년부터는 시민단체 등을 제외하곤 30만 원 이하의 강의료를 부르는 곳에는 가지 않기로 내심 정했고, 청탁하는 분들에게도 '강의료가 낮다'고 노골적으로 말한다. 자주 불러주고 다른 수입도 있으니 나는 그래도 살 만하고, 살 만한 사람이 강연료 문제를 먼저 제기해야 한다고 여기기 때문이다. 그리고 누군가 강연료가 적다고 실무자에게 이야기해야, 실무자도 윗선에 이런 불만이 있다고 말할 근거가 생길 것이라 여기는 점도 있다. 어쨌든 그나마 적은 강연이 더 줄었다. 불쾌해하는 기색도 있고, 미안해하는 기색도 있는데, 사실 나도 불편하다. 수입이 주는 걸 크게 신경 쓰지 않더라도, 다른 이들과 이런 이야기를 주고받는 게 나도 싫다. 하지만 어쩌겠는가.

전업작가가 그리는 노조

이런 내가 작가노조에 가입하고, 또 글을 쓰며 바라는 것은 두 가지다. 모두 내 노동과 깊은 관련이 있다. 하나는 도서관에서 책을 대출할 때마다 작가에게 저작권료를 지급하라는 것이다. 노래방에서 노래를 불러도 따박따박 작곡가와 작사가, 연주가 등 저작권자에게 저작권료가 지불되는데, 도서관에서 책이 대출될 때마다 작가에게 저작권료를 주는 것은 너무 당연하지 않은가? 외국 사례도 꽤 있는 걸로 안다. 그 금액이 나에게 얼마나 도움이 될지 모르겠지만 기본적인 권리라 생각한다.

또 다른 하나는 중고책을 팔 때도 저작권료를 지급하라는 거다. 특히 알라딘이나 예스24처럼 대규모 중고책 매장을 낸 곳과는 대한출판문화협회와 같이 당사자 간 협의가 가능하리라 생각한다. 중고책 판매 금액의 10% 정도를 지급하고, 이를 다시 출판사와 작가가 나누면 좋겠다. 이 또한 내 소득에 얼마나 도움이 될지와 상관없이 작가의 기본적인 권리다.

물론 쉽지 않을 것이다. 그래도 이런 과정에서 섬처럼 고립된 작가들이 선으로 연결되고 모여 서로를 믿고 연대할 수 있다면 그 자체로도 아름답지 않을까 싶다. 작가 노조에서도 아마 나는 꽤 나이가 든 편에 속할 듯하다. 회비는 열심히 내고, 시위나 집회가 있으면 가능한 한 참가하고, 대신 노조 일은 더 명민하고 활기찬 젊은 분들에게 미루겠다고 속으로 생각 중이다.

하지 않은
노동에 대해
말하는 법

위래
네이버 '오늘의 문학'에 〈미궁에는
괴물이〉를 게재하며 첫 고료를
받았다. 소설집《백관의 왕이 이르니》,
경장편《허깨비 신이 돌아오도다》를
출간했으며, 웹소설《마왕이 너무 많다》
와《슬기로운 문명생활》을 완결했다.

다른 사람에게 내 직업을 소설가로 소개하는 편이지만, 엄밀하게 보자면 나는 두 개의 서로 다른 직업을 가지고 있다. 하나는 2010년에 첫 고료를 받은 장르소설가이고, 다른 하나는 2017년부터 연재를 시작한 웹소설가다. 장르소설과 웹소설의 글쓰기 환경은 서로 다르기 때문에, 어떤 면에서 소설가와 시인만큼이나 다른 직업이라고도 할 수 있다. 그럼에도 다른 사람에게 구분하여 소개하지 않는 이유는, 이 둘을 더 간결하게 소설가로 묶어 부를 수 있어서이기도 하지만 그보다는 다른 사람들이 대체로 둘을 구분하지 못하기 때문이다. 장르소설가와 웹소설가의 공통점이라고 해봐야 장르소설에 속하는 글을 쓰며, 문단이라 불리는 제도권 밖에서 소설을 쓴다는 것, 그리고 서로가 구분되지 않는다는 것 정도다. 하지만 최근 들어 또 다른 공통점이 있다는 사실을 알게 되었다. 장르소설가와 웹소설가 모두 서로 글쓰기 노동으로서의 가치를 쉽사리 인정받지 못한다는 것이다.

많은 소설가들이 소설을 써서 돈을 벌지 못한다. 그리고 많은 '전업' 소설가들도 소설을 써서 돈을 벌지 못한다. 나는 이러한 사실을 장르소설가로 데뷔하고도 한참이지나고 나서야 알았다. 소설의 고료와 인세, 상금, 판권료만으로 생계를 해결할 수 있는 전업 소설가는 정말 많지않고, 대부분의 전업 소설가는 소설을 통해 이름을 알린뒤 특강이나 강의, 북토크 등을 통해 수익을 얻는다. 소설을 통한 수익보다도 소설가 그 자신이 버는 수익이 더 큰것이다. 소설가 그 자신의 역량으로 소득이 생기는 것은자랑스러워할 일이다. 다만 문예창작학과를 졸업한 나를비롯해 소설가로 훈련받는 예비 작가들은 이러한 역할에 대해 곤혹스러워한다. 소설가가 소설 쓰기 이외의 작업을 해야 할 뿐만 아니라 그 부분에서 유능하기까지 해야만 하는 것이다. 그리고 장르소설가는 이러한 기회마저도 상대적으로 더 적다.

알다시피 장르소설을 실어주는 문예지 지면의 숫자는 그리 많지 않고, 제도권에서도 장르소설에 대해 그리 적극적이지 않다. 장르소설이 대중적이라는 대중의 시각과 달리 비웹소설 장르소설은 서로 다른 문제에 처해 있다. 이를테면 단편소설 고료를 기준으로 내 SF 단편소설은 평균적으로 볼 때 150만 원가량의 가치가 있다. 이것은 제도권 단편소설과 크게 다르지 않은 수준으로 짐작된다. 그런데 내 호러 단편소설은 대략 50만 원가량의 가치가 있다. 그나마 최근 장르를 구분하지 않고 받아주는 지면에 실은 덕분이지, 그게 아니라면 대략 30만 원 정도의 가치가 있다고 봐야 할 것이다. 그래서 이런 이야기도 한 적이 있다. 해당 지면이 너무 적은 고료를 주기 때문에 되도록 그런 지면에 글을 싣지 않아야 환경을 개선하는 데 도움을 준다는 것이다. 하지만 내 생각은 그렇지 않다. SF와 같이 제도권 소설 지면을 공유하는 경우 고료가 제법 괜찮다. 하지만 호러처럼 주로 독립출판에 가깝게 운영되는 지면의 경우 고료가 높을 수 없다. 어찌 되었든 글을 공개하고 판매된 도서만큼의 인세를 지급하기라도 한다면 작가에겐 정당한 거래인 만큼, 그러한 지면에라도 글을 싣는 것이 문제가 있다고 보긴 어렵다. 이러한 장르소설계의 생리는 간단하다. 여러 제도적 지원을 받는 제도권에 가까운 장르일수록 고료가 커지고, 멀수록 고료가 낮다. 한 가지 극단적인 사례를 들자면, 판타지 단편소설의 경우에는 지면을 찾는 것 자체가 어려우니, 수익을 기대하지 않는다는 면에서 순수문학이라고 불러도 크게 틀리지 않는다.

다행히 웹소설의 시장 상황은 장르소설에 비하면 나아 보인다. 많은 전업 웹소설가들이 자신의 글을 통해 돈을 벌고 인세 수익으로 생활을 꾸려나간다. 다만 이 좋은 시장이 무엇으로 유지되고 있는가를 따져볼 필요가 있다. 웹소설은 대략 하루 5000자 분량을 매주 5회가량 연재하게 되는데, 한 달이면 12만 5000자를 넘는다. 책으로 치면 300매쯤 되는 책으로 경장편 정도로 볼 수 있다. 이러한 글을 대략 열 권 넘게 써야 하니 꼬박 1년은 매달려야 한다. 제도권에선 16만 자가량의 장편소설 계약을 하면 못해도 6개월의 기한을 주는 것을 고려할 때 아주 높은 노동 강도다. 이렇게 고생해서 쓴 글이 편당 100원에 팔리니,

책 한 권에 인세가 2500원꼴이다. 근래 일반적인 소설책이 1만 6000원가량이니 그 차이를 쉽게 알 수 있다. 웹소설의 시장 상황이 좋은 것은 박리다매, 즉 웹소설가의 노동가치를 낮게 산정한 덕인 것이다.

작가의 무급노동에 관해서도 이야기할 수 있다. 이를테면 웹소설의 '한 권 무료 공개'라는 관행에 대한 것이다. 대부분의 웹소설가들이 가장 많은 조회수를 기록하는 한 권 분량을 플랫폼에 무료로 공개하고 있으면서도 그에 대한 어떠한 보상도 받지 못하고 있을 뿐만 아니라 그러한 한 권 분량 공개가 관습화되어 있어서 작가의 한 권 분량의 무급노동은 당연한 것이라는 견해가 있다. 또한 웹소설 작가는 자신의 작품에 대한 홍보만이 아니라 플랫폼 홍보에도 도움을 주고 있고, 또한 통상 네 권 분량의 작품을 써둔 뒤 작품이 공개된다는 점에서 실상 연재가 시작되기 전까지 무료인 한 권 분량의 글을 더 써야 한다는 문제도 있다. 설사 웹소설 작가의 계약 내용이 이러한 무급노동을 전제하고 있다한들, 계약서에 무급노동에 대해 언급이 전혀 없다는 것은 이러한 무급노동의 실체를 지우는 듯하다.

장르소설에서도 비슷한 일이 있다. 장르소설에서 작가의 단독 단편집이 나올 때 기존 단편들에 더해 신작 단편을 추가하는 경우가 왕왕 있는데, 이럴 경우 특별히 고료를 받지 않고 단편을 추가하게 된다. 하지만 달리 생각해보면, 장르소설 작가는 책으로 나오게 된 뒤 인세를 받으므로 이러한 노동이 결과적으로 작가 자신의 단편집 판매량을 올리는 데 기여하겠지만, 작가와 비등하게 수익을 나누게 되는 출판사의 판매량을 올리는 데도 기여한다. 좀 더 흔히 있는 일로, 출판사 주도의 앤솔러지에 참여하는 경우 작가는 출판사로부터 개인 SNS 홍보를 부탁받기도 한다. 물론 달리 부탁을 받지 않아도 작가는 자신의 책을 홍보할 것이고 책을 함께 출간한 출판사에 대한 애정도 있으므로 출판사에 기여하는 것을 부당하다고 생각하지 않는다. 글을 들여다보고 고치고 또 책의 요소들을 확인하며 함께 책을 만드는 과정은 금전으로 환원하기 쉽지 않은 노동이니까. 하지만 역시 그 홍보의 이득은 출판사가 함께 취함에도 작가는 이 홍보에 대한 별다른 대가는 받지 않으며 이런 노동에 대해선 계약서상에도 표기되어 있지 않다. 앞선 경우에서 보듯 작가는 자신의 소설을 팔기 위해 추가 노동을 하고 그러한 노동으로 얻는 이익을 플랫폼 또는 출판사와 나누게 되지만, 정작 플랫폼 또는 출판사로부터는 그러한 노동가치를 인정받지 못하는 일이 잦다는 것을 알 수 있다. 작가의 무급노동을 노동으로 가시화하기 위해서는 그것을 계약서상에 명시할 필요가 있지 않을까?

피에르 바야르의 《읽지 않은 책에 대해 말하는 법》은 비非독서에 대한 책이다. 비독서란 일반적인 관념에서 독서는 아니지만, 독서에 준할지도 모르는 어떤 활동에 대한 것을 지칭한다. 완전히 모르는 책부터, 대강 훑어본 책, 그리고 인용되거나 남들에게 들어본 책 등이 비독서에 속한다. 저자는 이러한 비독서가 독서와 명확하게 분리되지 않고 어떤 면에선 그에 준하는 활동임을 이야기하는데, 이와 같은 생각의 연장선에서 우리는 비창작과 비노동에 관해서도 이야기할 수 있을 것이다.

장르소설가와 웹소설가의 입장에서 이러한 개념은 짚어볼 만한 부분이 있다. 장르소설과 웹소설 모두 예술적 가치를 인정받지 못해 그 노동의 가치도 폄하되는 부분이 있는 것이다. 어떤 종류의 창작은 온전한 것으로 받아들여지는 반면 어떤 종류의 창작은 그에 미치지 못하거나 불완전한 것, 즉 비창작으로 인식된다. 우리가 글을 보고 글의 가치에 관해 이야기할 때 독자는 그 글이 얼마나 좋고, 그 글이 얼마나 내 감정을 많이 움직였으며, 다른 사람에게 권할 만한 주제인지에 대해 이야기한다. 반면 장르소설에서 그 글이 얼마나 장르의 관습과 규칙, 형상을 잘 지켰는지에 대해 이야기하는 일은 없다. 또 웹소설에서 그 작가가 얼마나 많이, 빠르게 연재했는지는 중요한 가치로 인식되지 않는다. 이런 비창작적 요소가 부각되기에 장르소설과 웹소설은 소설을 사랑한다는 이들에게서조차 무시되는 경향이 있으며, 시장 참여자들 또한 시장성 있는 콘텐츠로는 인정하나 예술로 보는 것에는 회의적이다. 하지만 이제 (노동에 대한) 대중의 인식이 일종의 비노동으로서의 글쓰기로까지 확장되었다고 한다면, 장르소설과 웹소설도 예술에 대해서 마찬가지의 상황에 처해 있다고 볼 수 있다. 창작자의 노동이 가치 있다면 비창작자의 노동도 가치 있다. 비창작과 비노동은 함께 가는 것이다.

장르소설과 웹소설에서 쟁점이 되는 이와 같은 문제들은 동료 작가들과 대화를 나누며 찾아낸 것이다. 이미 당연하다고 전제된 일들로부터 그것이 문제라는 것을 인식하고 밝히는 일을 혼자서 해나가기란 쉽지 않다. 글쓰기 노동에 대한 인식을 바꾸고 작가들의 환경을 개선하기 위해선 같은 문제의식을 공유하는 더 많은 동료 작가의 연대가 필요하다.

웹소설
번역에
관하여

김선민
중국 웹소설을 한국어로 번역하고 있다.
필명으로 《사가황후》, 《강산미인모》,
《여학패재고대》 등의 작품을 번역했다.

나는 중국 웹소설을 한국어로 옮기는 번역자다. 2025년 현재 번역을 전업한 지 6년 차가 되었다. 현재 한국 웹소설계에서 중국을 포함한 해외 작품이 차지하는 비중은 그리 높지 않다. 아마 많은 사람에게, 심지어 같은 번역자나 작가에게도 생소한 분야일 것이다. 나 역시 다른 매체의 번역 방식이 생소하기는 마찬가지이므로, 이 기회에 작가노동의 여러 형태를 알리고 싶은 마음으로 글을 쓰게 되었다.

웹소설 번역 계약은 작품 단위로 진행된다. 번역자가 작품을 제안할 때도 있지만, 대개는 출판사 측에서 작품을 제시한다. 한국에도 팬덤이 있을 정도로 유명하고 잘 팔리는 작가의 작품이 아닌 이상 보통은 완결작이 선택된다. 분량이 아주 많은 작품이라면(중국 웹소설은 100만 자를 넘기는 경우가 흔하며, 중국어를 한국어로 옮기면 분량이 2배 가까이 늘어난다) 번역자 여럿이 공역으로 진행하기도 한다.

종이책과 달리 웹소설 번역료는 원고지 매수가 아니라 글자 수를 기준으로 책정되며, 계약은 매절 방식이다. 다시 말해 번역해서 납품한 분량만큼의 번역료를 한 번 받으면 그것으로 끝이다. 적어도 내가 경험한 바로는, 웹소설 번역 계약에는 인세나 MG(Minimum Guarantee, 최소 수익 배분) 등의 개념이 아예 없다. 그러니 작품의 판매량 역시 기본적으로 번역자와는 직접 관련이 없다(물론 출판사 입장에서 재계약 시 고려 범위가 될 수는 있을 것이다). 이 부분이 웹소설 및 웹툰, 그리고 종이책 작가와의 가장 큰 차이점이 아닐까 생각된다.

지난 6년간 내가 제시받은 단가는 한국어 원고 기준으로 대략 자당 8원에서 13원 사이였다. 한 달에 15만 자이상을 납품하므로 5원 차이는 쌓이면 상당한 액수가 된다. 낮은 단가 때문에 흥미로운 작품을 포기한 적도 있었고, 마찬가지로 단가가 맞았기에 도저히 취향이 아닌 작품을 번역한 적도 있었다. 나의 작업 속도로는 최소 자당 12원은 되어야 생계를 꾸릴 만하다는 것이 현재의 결론이다.

단가도 괜찮고, 시놉시스와 초반부를 읽어보고 할 만한 작품이다 싶으면 계약을 맺고 번역을 시작한다. 여기부터는 사람마다 작업 방식이 천차만별일 것이다. 번역을 시작하면서 가장 먼저 해야 할 일이 무엇일까? 대개는 작품을 통독하는 일이 꼽히지 않을까 싶다. 그러나 100만 자가 넘는 웹소설을 번역하면서 작품을 통독하고 시작하기란 거의 불가능하다. 최소한 나는 그렇게 느꼈다. 번역료는 순전히 납품한 원고의 글자 수를 기준으로 책정되기 때문이다. 매절 계약이니 인세 수입도 없다. 통독이나 자료 조사 등의 준비 작업 기간에는 돈을 전혀 벌 수 없는 것이다. 결국은 '실시간 번역'을 하게 된다. 작업을 진행하는 과정에서 작품이 마음에 들지 않더라도 때는 이미 늦었다. 꾸역꾸역 진도를 빼는 수밖에 없다. 번역하다 앞뒤 내용이 맞지 않으면 편집부에 앞부분을 수정해달라고 하며 진행한다. 가능한 경우에는 번역을 다 마친 뒤 통독하며 한 번 더 교정하지만, 이렇게 하면 몇백만 자를 교정해도 100%

무급노동이 되어버린다.

프리랜서 중에는 집에서 일하는 사람도 있고, 따로 작업 공간을 마련하거나 공동 작업실에서 일하는 사람도 있다. 나는 재택으로 혼자 일한다. 막상 재택노동자로 살아보면 출퇴근의 강제 없이 주 5일을 꼬박 일하기는 쉽지 않다. 인간의 순수한 의지력에는 한계가 있기 때문이다. 좀 늘어졌다 하면 시간이 줄줄 새고 하루를 공치기 일쑤다. 게다가 재택노동은 나의 의지력만이 아니라 외부 여건에도 큰 영향을 받는다. 대통령이 불법 계엄이라도 선포해버리면 집회도 나가야 하고, '재택'이 '집에서 논다'는 뜻이 아님을 주변인에게도 납득시켜야 한다.

많은 재택노동자가 그렇겠지만 나도 좌충우돌한 끝에야 나름의 원칙을 확립했다. 쉬는 공간과 일하는 공간을 분리한다, 일할 때는 꼭 옷을 갈아입는다, 당일 잡히는 약속에 응하지 않는다, 마감이 정말 급박한 경우를 제외하면 새벽 2시 이후에는 일을 하지 않는다 등등. 재택노동을 갓 시작했을 때는 이런 원칙이 하나도 없어서 몇 시간을 꼬박 앉아 새벽 4시까지 일하곤 했다. 단기 마감의 막판 스퍼트에나 어울리는 방식일 뿐, 100만 자가 넘는 글을 번역하면서 1년 내내 그렇게 살 수는 없다.

그런 면에서 번역가 김명남 선생님의 KMN 작업법은 정말 큰 도움이 되었다. 간단히 쓰자면 40분 집중 작업, 20분 휴식을 1KMN으로 계산하는 작업법이다.* KMN 작업법을 해본 사람은 공감하겠지만 40분이 짧은 것 같아도 막상 40분 동안 온전하게 집중하기란 그리 쉬운 일이 아니다. 세월아 네월아 책상 앞에 한정 없이 앉아 있는 것보다 효율이 높고, 그만큼 체력 소모도 크다. 나는 체력이 형편없으므로 보통 2~3KMN 정도 한 뒤 1시간은 쉰다. 1KMN, 즉 1시간이 지났을 때마다 엑셀에 원문과 번역물의 글자 수를 기록한다. 종이책 번역이라면 보통 A4 혹은 원고지 매수로 계산할 것이다. 그러나 웹소설 번역료는 오로지 글자 수를 기준으로 책정되기에 자 단위를 쓰는 것이 편리하다. 하루 평균 몇 KMN을 했는지, 한 달 평균 몇 자를 했는지 등도 엑셀에 정리해둔다. 이렇게 만든 월간과 연간 정리에 의하면 2024년의 나는 월평균 66KMN을 일했고, 1KMN당 평균 4300자를 번역했다. 좀 귀찮더라도 꼬박꼬박 정리해두면 나중에 자신의 작업량을 가늠하고

---

* 김명남, 〈40+20 작업법〉, starla's trash can, 2019. 6. 29. https://starlakim.wordpress.com/2019/06/29/4020-%EC%9E%91%EC%97%85%EB%B2%95 (검색일: 2025. 1. 9.)

단가를 협상하는 기준으로 삼을 수 있다.

　월초에 시작해 3주 정도는 초벌 번역을 하고, 마지막 1주 동안은 초벌을 윤문 교정한다(누가 초벌 번역을 이렇게 했냐고 욕하면서). 주말에는 보통 쉬는 편이다. 말일이 되면 기본 교정까지 마친 한 달 분량의 번역 원고를 출판사에 납품한다. 작업이 순조로울 때는 월 30만 자 이상을 납품하기도 한다. 하지만 나의 컨디션이나 원고 내용, 외부 여건 등이 언제나 최상일 수는 없다. 2023년의 월평균 납품량은 23만 자, 2024년은 월평균 27만 자 수준이었다. 2025년 역시 연말에 결산해보면 총량은 비슷할 것이다.

　이렇게 몇 달을 반복하다 보면 작품 하나가 끝난다. 재계약을 할 수 있을까 조마조마한 마음으로 편집부에 메일을 써본다. 새 작품 제안이 들어오면 다행이고, 혹 없다고 하면 그때부터는 모은 돈을 까먹는 백수가 되어 새 일이 성사될 때까지 이력서를 넣고 다녀야 한다. 인세가 없으니 일감이 끊기면 당장 수입이 사라지는 것이다. 유럽문학번역가협회CEATL의 조사에 따르면 경험 있는 전업 번역가라 해도 문학 번역으로 생계를 유지하는 경우는 드물다고 한다. 미국작가협회Authors' Guild of America의 2022년 보고서에 의하면, 번역 작업 중 문학 번역으로 얻는 수입은 연

1만 달러에도 미치지 못하는 경우가 63.5%에 달한다.[*] 한국은 어떨까? 나름 검색해봤지만 현직 번역가들의 이런저런 블로그가 나올 뿐, 공식 기관의 조사 결과는 찾지 못했다. 나는 웹소설 번역을 전업으로 하기 전 영상 번역도 해봤고(좀 옛날 일이지만, 극장 개봉 없이 OTT로 서비스되는 영화 한 편에 11만 원을 받았다) 번역 에이전시에서 일감을 받아본 적도 있다. 둘 다 전업으로 먹고살기에는 어림없는 수준이었다. 지금은 열심히 일하면 그럭저럭 먹고살 만하지만, 이 행운이 언제까지 이어질지 불안할 수밖에 없다.

한국 웹소설 시장에서 중국 웹소설의 수요는 정말 한 줌인데, 그마저도 AI 번역의 공세로 바람 앞의 촛불 신세다. 웹소설만이 아니라 번역 업계 전반에 해당하는 이야기일 것이다. 실제 이 글을 쓰는 2025년 1월 기준으로 몇몇 유료 모델은 제법 준수한 번역 결과물을 제공한다. 물론 요즘도 도저히 번역하기 어려운 문장은 슬그머니 빼버리

---

[*] Philip Oltermann, "Norway launches Jon Fosse prize for literary translators", *The Guardian*, 2024. 11. 30. https://www.theguardian.com/books/2024/nov/25/norway-launches-jon-fosse-prize-for-literary-translators (검색일: 2025. 1. 9.)

는 것 같긴 하다(사실 이것은 모든 번역자가 한 번쯤 꿈꿔봤을 일탈이다). 아직은 내가 AI보다 나은 번역을 할 수 있다. 하지만 앞으로도 그럴까? AI가 나보다 못해도 출판사 입장에서는 AI가 더 저렴하지 않을까? 그냥 내가 최선을 다해 더 열심히 일하는 것만이 답일까?

나는 그렇지 않다고 생각한다. 답이 있다면 나와 같은 어려움을 겪는 사람들, 비슷한 고민을 하는 사람들이 함께 뭉쳐 행동하는 데 있을 것이다. 그 생각을 바탕으로 작가노조에 가입하게 되었다. 우리가 어디까지 갈 수 있을지는 모르지만, 함께하는 사람들이 있다는 것만으로도 서로에게 힘이 되리라고 믿는다. 그러니 아무쪼록 더 많은 분이 작가노조에 가입하여 목소리를 내고 함께해주었으면 좋겠다.

홀로
지쳐가기에서
함께
투쟁하기로　출간계약서 최저선 지키기

황모과
2019년 한국과학문학상, 2021년과 2024년에 SF어워드를 수상했다. 소설집《밤의 얼굴들》,《스위트 솔티》, 중편《클락워크 도깨비》,《10초는 영원히》,《노바디 인 더 미러》,《언더 더 독》, 장편소설《우리가 다시 만날 세계》,《서브플롯》,《말 없는 자들의 목소리》,《그린 레터》등을 출간했다.

올해로 전업작가 6년 차다. 집필노동은 참 신선하다. 노동 방식도, 보상도, 결과물의 품질과 성취도 아주 달라 매번 완전히 새로운 고충을 마주한다. 글이라는 게 완성도의 상 한선이 없기에 성취감을 느끼기 힘든 노동인 듯하다. 쪼끔 자부할 일이 있대도 더 큰 성취를 이룬 사람들은 언제나 있는 법. 다른 작가, 혹은 다른 분야 종사자의 실적과 비교 하며 위축되기도 한다. 하지만 애써 마음을 다잡는다. 지나치게 겸허한 바람에 작가로서 자기 가치를 스스로 깎아내리면 안 된다. 작은 자괴감을 혼자 후벼팠다간 출판업계가 작가를 후려치는 일들을 만났을 때 다 나의 부족함이라는 식의 착시가 일어나기 때문이다.

만 5년간 약 30종 이상의 소설 계약서를 체결했다. 출판사, 인터넷 서점에 등록되지 않은 ISBN 없는 서적 및 단발성 웹 연재 등을 포함하면 약 40개의 저작 계약서에 사인했다. 내가 경험한 통계로만 말해도 이 중 2020년 문체부 표준계약서와 동일한 조건의 계약서를 초안으로 제시하는 곳은 단 한 군데도 없었다. 깎인 조건은 출판사별로 상이할지언정 모든 업체가 빠짐없이 표준계약 이하의 후려친 계약을 당연하게 초안으로 내민다. 이럴 때 저자가 표준계약서 조항을 비교 제시하며 이의를 제기하고 끈질기게 돈 얘기를 하면 출판사도 그제야 선심 쓰듯 표준계약에 맞춰줄까 말까 한다. 계약이나 표준, 저작권 등 단어의 사전적 의미를 모르지 않을 사람들이 참 너무다 싶다.

모든 출판사를 경험한 것은 아니나 이 업계의 관례는 단연코 몰상식하다. 임금 지급 시기가 제시되지 않거나 사전 통보도 없이 지급이 미뤄지는 일은 여전히 비일비재하다. 최저임금 같은 개념이 없는 것 자체로 반노동적이다.

관례라는 이름 속에서 아무도 지적하지 않은 출판계의 문제들이 너무 오래 방치되어왔다.

훌륭한 사회적 담론을 이끌어온 진보적 출판사들도 다르지 않다는 건 실망스럽다. 이미 기사화된 사건처럼, 저자에게 통보도 없이 2차 저작을 팔아먹은 창비, 편집자 임금 체불이 발각된 민음사, 사회평론 등은 물론이고 다른 곳도 심하면 심했지 덜하지 않다. 독자와 예비 작가들은 책 내용과 출판사라는 업체를 완전히 별개의 것으로 생각하는 것이 좋다. 아니, 저렇게 진보적인 책을 냈는데 이토록 후지다고? 노동 문제에 대해 끊임없이 좋은 책을 낸 출판사인데 반노동적이라고? 출판사 규모나 영업 수익과 무관하고 진보 보수 성향과도 무관하다. 관례가 고여 괴물이 됐다.

다음과 같이 몇 가지 사례를 반복적으로 경험했다.

우선 재쇄 시 이전 쇄 인세 지급(정확히는 미지급)은 특정 출판사에 국한되지 않는 문제인데 경력이 오랜 작가들의 말을 들어보니 비교적 최근에 자리 잡은 관례라 한다. 전에는 중쇄 시 중쇄분 인세를 선지급했다고 한다. 연 1회라도 판매분 인세를 지급하라고 요구했더니 내가 장편과 소설집을 출간한 A사 등 대다수 순문학 출판사는 출간한 책이 얼마나 팔렸는지 집계가 안 된다며 중간 정산이 불가하다고 알려왔다. 즉 추가분 1000부를 인쇄해 999부가 팔려도 중쇄가 이뤄지지 않는다면 돈을 못 받는다. 이게 출판계의 대표적인 관례다. 이게 시장 원칙에 맞나? 자사 상품을 판매하고 관리할 의지는 있는 것인가?

최근에 계약한 B사는 약간의 개선책을 내놓았는데 중쇄 시기가 미뤄질 경우 직전 쇄 인세를 6개월 후에 정산한다고 명기했다. 이 정도면 수용할 수 있다. 물론 6개월 후에 갑자기 팔리다 999권에서 멈추면 미지급 문제는 여전하긴 하지만 그래도 개선책이라 본다. 초판 선인세와 유사하게 재쇄분을 선지급하는 출판사는 지금껏 한 번도 경험한 적이 없다. 서적 관리에 수반되는 이슈와 리스크를 저자에게까지 부담 지워서는 안 된다.

C사는 연재 비용을 연체했다. 한 달 반 정도 늦게 받았다. 사실 미리 고지만 해준다면 한두 달 늦는 것쯤이야 큰 상처가 되지 않을 정도로 일상적이다. 이것대로 문제긴 하지만 나만 그러면 그러려니 했을 텐데 유사한 시기에 연재했던 다른 작가들의 연재 비용도 반복적으로 연체되었다는 걸 알았다. 이 출판사와 함께할 수 없다는 생각에 연재 종료 후 출간하지 않겠다고 통보했다. 상대가 신의 성

실을 위배했기에 계약금을 반환하지 않아도 된다고 생각했지만 협의하는 것조차 싫어서 출간 선인세 200만 원을 돌려주겠다고 전했다. C사는 계약 해지와 함께 사장의 개인 명의 계좌번호를 알려왔다. 1인 출판사도 아닌데 법인 계좌번호 하나 없다니, 의아했다. 사장의 계좌번호를 보고 예상했다. 어떤 사정으로든 사장이 이체를 안 하거나 못하면 작가든 인쇄소든 디자이너든 비용 지급이 늦어진다는 뜻이다. 그러니까 출판사의 업무는 오피셜한데 돈 순환은 언오피셜한 구조 안에 있음을 추정할 수 있었다.

D사에선 정기 정산에 포함될 줄 알았던 모 지원금 인세가 안 보이길래 그건 언제 정산되느냐고 문의했더니 자신들이 처리해야 할 무슨 서류가 누락된 것 같다며 아차 했다는 식의 답이 왔다. E사는 담당자가 내부 결재 올리는 시기를 놓쳤다며 예정보다 두 달 늦게 입금될 거라고 안내한 적이 있다. 전자는 내가 기억하고 있었고 후자는 담당 편집자가 기억하고 있어서 착오는 있었지만 받을 수 있었다. 사실 대부분 원고 제출 시기와 입금 시기가 다르고, 출판사별로 정산 기간도 다 달라서 일일이 확인할 수 없는 일도 많다. 솔직히 원고 제출 즉시 원고료를 받았으면 좋겠고, 인세도 최소한 연 1회는 정산되면 좋겠다. 다 사람

이 하는 일이고 출판계 종사자들 대부분 저임금 고노동에 시달리는 터라 이직도 잦고 업무 부담도 과중되는 상황은 이해하나 자영업자 대금 처리도 이렇게는 안 한다. 출판계 만 돈 처리가 복잡하고 또 허술하다.

그런데 인세 미지급과 지급 지연은 사실 이 업계에선 너무 흔한 이슈다. 혹시 내가 신인이라 우선순위에서 밀려 나나, 의심하는 신인 작가가 있다면 이 역시 내적 자괴감 과 외적 후려치기가 연결되는 지점이니 이 괜한 연쇄를 끊 고 생각하는 것이 좋겠다. 내가 알기론 베스트셀러 작가들 은 지급할 돈이 크다는 이유로, 신인은 금액이 적다는 이 유로 연체된다. 다시 한번 강조하지만 큰 출판사, 작은 출 판사 상관없다. 그럼 제대로 원고료를 받으려면 어떻게 해 야 하나? 시끄럽게 굴어야 한다. 내부적으로나 외부적으 로 떠드는 사람에게 우선적으로 지급된다. 모 앤솔러지 공 동 저자들이 집단적으로 항의하자 곧장 판매분 인세가 입 금되었다. 작가단체 명의로 공문을 보낸다? 대체로 즉시 입금된다. 그러니까 항의하고 싸우고 우아하지 않게 돈 얘 기하는 사람에게만 약속된 금액이 제 날짜에 지급되는 것 이다. 과연 이런 노동 현장이 다른 곳에 또 있을까? 이게 출판업계가 지속해온 관행이라면 어쩌겠나. 우아하지 않게 나갈 수밖에.

원고료(인세) 미지급, 지연뿐만이 아니다. 아래 내용은 다 경험담이다.

F사는 계약도 체결하지 않은 작가의 이름을 홍보에 활용하고는 내가 지적하기 전까지 문제의식도 사과도 없었다. 이들 출판사에서 낸 책을 읽고 인생이 바뀔 만큼 큰 영향을 받았던 독자로서 나는 충격을 받았다. 저작권 개념도 없이 이렇게 주먹구구로 일을 한다고? 이젠 기대가 없어져서 그저 상처만 받지 않으려 애쓴다. 지금 필요한 건 이들이 이상하다고 외부에서 말해주는 것뿐이라는 생각이다.

G사의 앤솔러지, H사의 시리즈에는 참여 작가별로 선인세(계약금)가 달랐다. 그래, 한강 작가님이 참여하셔서 다른 작가보다 서너 배 높은 계약금을 받으신다면 이해를 못할 건 아니다. 그런데 같은 시리즈, 같은 조건, 같은 분량의 출간물에서 참여 작가에 대해 차등을 둔다? 작가들 사이에 긴장과 반목이 생긴다. 이건 작가들을 분열시키기 위한 획책에 가깝다. 이런 획책은 일반 노동시장에서도 익숙하다. 사측은 개별 단위의 연봉협상을 고수하고 조직 내 기여도와 성과 등 주관적 판단을 권력 편향적으로 진행

하면서 노동자를 분열시킨다. 출판사가 판매량에 따라 저자를 다르게 대우하는 걸 체감할 때마다 생각한다. 아파트 집값으로 사람을 평가하는 배금주의와 다를 게 뭔가? 돈과 성공 아니면 글의 가치를 증명할 수 없다는 생각으로 이어지면 우울하다. 아니, 아니지. 이럴 땐 '자뻑'이 필요하다. 내 작품은 베스트셀러는 아니지만 어떤 면에서 독보적이고 가치 있다.

집필노동자들만 사이가 분열되는 건 아니다. 책을 한 권 만들기 위해 참여하는 여러 담당자의 노고에 차등이 없다고 말하고 싶지만, 솔직히 저자 입장에선 (자부하는 뜻에서) 책의 내용이 가장 중요한 기여가 아니겠냐고 말하고 싶다. 그런데 책 제작 시 비용 지급 순서는 가장 후순위다. 디자인 비용, 인쇄 비용은 지급하지 않으면 제작이 안 되니 우선 지급된다. 반면 교정·교열 비용 및 저자의 원고료는 지급이 후순위다. 일부 출판사에선 판매가 발생하면 지급한다는 식으로 여전히 미뤄진다. 왜 저자 노동에 대한 보상이 후순위로 밀렸을까? 돈 얘기를 하는 것이 조금 우아하지 않아 쑥스러웠던 것일 뿐인데, 작가들이 지급이 늦어도 되는 노동자로 간주된 것은 아닐까.

전자책 인세 역시 천차만별해 협상이 매우 어렵다. I

사는 노동이 주제인 앤솔러지에 25% 인세(8인 참여라 인당 3.125%)를 제시했다. 나는 거의 경험하지 못한 낮은 조건이었는데 소문을 듣자 하니 순문학 출판사들의 전자책 인세가 몇 년 전에 비해 점차 줄고 있다고 한다. 종이책 판매 부진을 전자책 수익에서 충당한다는 식으로 합리화하는 이야기도 들었는데 자본주의 논리에 맞게 투자 비용과 손익분기를 기준 삼았으면 한다. 참고로 전자책 제작 비용은 한 권당 100만 원도 되지 않는다. 전자책은 종이책처럼 창고 관리도 없다. 인세 배분율이 아니라 제작비와 초기 등록비를 제외한다면 저자가 독점해도 좋을 수준이라고 나는 생각한다. 일례로 장르 작가들이 대거 참여한 J사 앤솔러지는 20명이 집단적으로 동시 요청해 전자책 인세를 50%로 계약했다. 참고하시면 되겠다.

한편 저작물을 활용해 여러 사업을 하고 싶어 하는 출판사의 2차 저작권 묶어두기는 《구름빵》이나 《검정고무신》 사태로 최근까지 계속되고 있는 위험한 관례다. 아무런 의지도 노력도 하지 않는 출판사들이 꼭 위임 계약서를 당당히 내민다. 저작물의 2차적 활용이나 번역으로 인한 부대 효과에 출판사들이 역량 이상으로 침을 흘리는 행태를 제발 그만두길 바란다. 물론 작가로선 집필한 소설이 영화나 연극, 애니메이션, 낭독 등으로 확장되면 좋겠고 출판사가 이를 주도해 주선한다면 반가울 것이다. 하지만 이 2차적 활용에 대해 출판사에 전부 위임 또는 일임한다는 계약은 출간으로 인한 이익 이상을 날로 먹으려는 도둑놈 심보다. 인세 90%를 독점하는 것에서 이미 부대 효과는 얻고 있지 않나? 나는 출판사가 주도해 2차 저작물 제작을 집행할 경우에 한해 별도의 계약서를 체결할 수 있다는 표현으로 계약서 조항 변경을 요구해왔다. 영화 제작사 등을 계열사로 둔 플랫폼 등은 이 조항에 강경한 편이고 일정 정도 사업 모델로서는 이해하는 편이라 2차 저작의 우선적 협상 조건에 동의한 곳도 있으나 이 경우 원고료는 출판물 선인세보다 훨씬 높다.

한편 번역은 출판사들이 주도해 집행되는 경우가 더러 있는데 대체로 출판사가 한국문학번역원이나 대산문화재단 번역지원사업 등에 신청서를 내는 식의 업무를 담당하는 정도다. 한국의 출판사들이 번역자나 에이전시를 섭외해 해외 출간의 활로를 뚫는 일은 하지 않는다. 출판사들은 이를 에이전시 업무라 여긴다. 그리고 대산문화재단 번역 사업은 저자나 번역자도 직접 신청이 가능하다. 해외 출간으로 성과를 낸 서적들은 사실 출판사가 아니라 거의 대부분 번역자의 활약에 크게 빚지고 있다. 그렇기에 번역작의 수익 비율을 미리 5:5로 통 크게 가져가고 번역 실적을 별로 내지 못하고 있는 K사 등은 자신들의 현재 역량을 과대평가해 예상 이익까지 묶어두고 있는 것이다.

솔직히 무리한 요구를 하다가 거절당했다면 이 글을 쓰진 않았을 거다. 매번 조건이 야금야금 깎인 계약서 초안이 도착하는 바람에 문체부 표준계약서에 맞추라고 지적했을 뿐이다. 한 계약서당 최소 며칠에서 몇 주 동안 항의했으니 개당 열흘이라 쳐도 약 300일은 계약서 협상에 매달린 셈이다.

특별한 대우를 요구한 건도 아닌데 반복해 대응하기도 지친다. 내가 요구한 조건은 ① 인세 10% 이상 ② 전자책 인세 최소 35~50% 이상(매체마다 상이) ③ 2차 저작 및 번역권에 대해 출판사에 위임하지 않음 ④ 가능하면 러닝 개런티 계약. 이뿐이었다. ④를 제외하면 문체부 표준계약서에 다 명시된 항목이고 이 수준을 맞춰달라고 했다. 똑같은 이야기를 30번, 40번 반복하면서 회의감에 휩싸였다. 왜 문체부 표준계약서의 현장 적용과 실질적 보급에 개별 작가가 직접 애써야 하나?

영화노조가 만든 표준계약서처럼 최소한의 기준이

적힌 계약서를 출판사들이 받아들여야 한다. 너무 영세해서 이 조건에 맞출 수 없는 곳이라면 종이책은 포기하고 전자책이나 웹 연재를 해야 한다. 받아들이지 않는 업체는 작가들이 보이콧해야 한다. 후려치는 조건들에는 작가들이 참여하지 않아야 한다.

참고로 40여 개 계약서 중 계약서 협상 중에 계약 제안이 취소된 건 딱 한 군데뿐이었다. (즉 끈질기게만 얘기하면 39개 출판사는 표준계약서에는 맞췄다는 점을 예비 작가님들도 기억하시면 좋겠다.)

고등학교 경제 시간에 배운 제조 원가, 매출, 손익분기점이라는 것이 있다. 출판사로서는 1쇄 1000부만 넘어가면 제조 원가는 회수된다(고 들었다). 러닝개런티를 정식으로 도입해야 한다. 나는 L사와는 판매량에 따라 n%씩 올리는 러닝개런티를 맺었다. 베스트셀러 작가에게 M사가 차를 뽑아주었다는 식의 선심성 보상은 불필요하다. 초과 이익 회수가 보장되면 된다. 책 제작 과정은 영세해 보일지 모르나 출판계 전체 매출은 한국 영화 시장을 훌쩍 뛰어넘고 게임 및 방송(영상)과 맞먹는 재벌급임을 상기할 필요가 있다.* 이는 학습지 교재 등을 포함한 통계이나 이들 출판사가 여러 분야를 운영하고 있음을 감안해야 한다.

N사 등 어떤 출판사들은 젊은 신인 작가들과의 협업을 선호한다. 출간 기회를 유인책 삼아 열악한 조건을 떠안기기 쉬울 수 있다. 출간 경험의 부족이 착취로 이어질 수도 있으니 주의가 필요하다. 극단적으로 말하면 문제점을 인지하지 못하거나 말하지 않는 작가들, 심하게 말해 고분고분하고 겸손해서 출간 기회 자체만으로 큰 보상으로 여길 작가들을 선호하는 출판사도 꽤 많다. 내가 직접 계약한 곳은 아니나 O사, P사 등은 일방적 절판으로도 여러 번 문제를 일으켰다. 지뢰를 밟지 않도록 조심해야 하지만 그전에 먼저 지뢰를 만드는 출판사가 제어되어야 한다.

한편, 계약서에 비밀 유지라는 조항이 있다. 나는 이 것도 후려치는 일이라 생각한다. 내가 너를 표준계약 이하의 조건으로 착취한 일을 어디 가서 떠벌리지 말라는 뜻이다. 나는 작가들이 출판사와 만나 경험한 일들을 더 많이 공개하고 공유해야 한다고 생각한다. 정당한 권리를 지켜야 하고 최저 기준을 깨는 후려침을 당해선 안 된다. 당한 이야기를 드러내야 반복되지 않는다. 비밀 유지 조항은 상

---

*   콘텐츠산업조사 통계, https://www.index.go.kr/unity/potal/main/EachDtlPageDetail.do?idx_cd=2752.

대의 부정함을 암묵해주라는 뜻이 아니다.

개인적 차원의 '계약서 최저선 저지 투쟁' 덕분에 반복된 경험이 꽤 쌓여 단기간에 경험치를 습득했다. 앞으로는 이 경험을 작가노조에서 풀어가고 싶다. 혼자일 때는 반복될 뿐이지만 함께할 때는 쌓이고 전수될 거라 생각한다. 영화노조 표준계약서처럼 현장에서 일괄적으로 적용이 강제되는 표준 청탁서 및 계약서가 자리 잡을 수 있도록 해야 한다. 자료 조사비, 취재비, 교통비 등이 고려되지 않은 지나치게 낮은 단가도 올려야 한다. 그동안 개인적으로 항의하며 소요한 시간을 일찍 이 일에 투입했다면 더 좋았을 뻔했다. 후회하는 시간을 늘리기 전에 작가노조에서 함께 풀어보고 싶다.

동종 업계 연대도 가능하리라 본다. 집필노동자와 편집노동자는 유사한 입장에서 함께할 지점이 더 많다. 출판사에 강경하게 요청할 때 매번 담당 편집자를 통해야 하기에 간혹 민망하고 미안할 때도 있었지만 청탁을 주는 것이 사실 출판사 사장이 아니라는 것 정도는 알고 있다. 편집노동자도 불안정노동에 시달리고 있다. 이렇게 모두를 괴롭혀서 결국 출판사 사장만 이익을 독점하는 게 가장 근본적인 문제는 아닐까.

집필노동에 대한 논의가 더 공론화되어 조건을 바꿔
낸다면 문학과 에세이, 르포, 번역, 칼럼 등의 내용에도 영
향을 미칠 거라고 생각한다. 저임금과 과로에 내몰리지만
않는다면 각자의 현장을 기반으로 생생한 사유와 다양한
글이 세상에 더 많이 등장할 것이 분명하다.

4시의
신데렐라

글 쓰는 노동자에게
'유리 구두'는 없다

김예린
글 쓰는 노동자, 그림책 활동가.
중도입국청소년 기록집《저 여기
있어요》를 썼다, '금바다'(경남 김해)
에서 마을공동체 기록집과 설화를
각색한 그림책을 만들었다.
지역 도서관에서 어린이와 다양한
방법으로 그림책을 탐색한다.

"밥 먹고, 가방 챙겨. 얼굴에 로션은 발랐어? 옷은? 신발 신고 이제 가자."

오전 8시 28분, 알람이 울리면 연년생 두 아이의 손을 잡고 집 밖으로 나선다. 유치원 버스가 오면 아이들을 실은 버스가 떠날 때까지 미소 가득한 얼굴로 볼하트, 손하트까지 각종 하트를 만들어 창 너머 아이들에게 날린다. 버스가 사라질 때까지 손을 흔들다 버스가 떠나면 집으로

터벅터벅 걸어온다.

문을 열고 다시 들어간 집은 난장판이다. 식탁 아래 흘린 식빵 부스러기, 말라붙기 시작한 딸기잼, 거실 매트 위에 흩어져 있는 다채로운 색종이 조각. 싱크대 위에는 도마와 칼, 깎인 사과 껍질이 한가득하다. 흐린 눈을 한 채 못 본 척한다. '미래의 내가 하겠지' 하며 뒤로 미룬다. 오전 9시, 거실 정수기에서 물 한 컵 담아 들고 스물한 걸음쯤 걸어 서재로 간다. 컴퓨터가 놓인 책상 앞 의자에 앉는 순간 글 쓰는 노동자로서의 '출근'이 시작된다. 엄마와 글쓰는 노동자. 그런 나를 남들에게 '글 쓰는 4시의 신데렐라'라고 소개한다. 직업 소개를 하면, 그래도 십상팔구 "프리랜서라 애도 보고, 돈도 벌고 좋네요"라고 말한다.

"아니, 그렇지 않아요" 하며 일상을 구구절절 속사포처럼 쏟아낼 수도 없는 노릇이고, 나는 사람 좋은 미소로 "네, 좋죠. 뭐" 하고 답한다. 프리랜서라는 부르기 좋은 단어 뒤에 숨겨진 시간 단위로 움직이는 일상. '좋다'고 하기에는 하루가 너무 치열하다.

'엄마'가 되기 전 경남의 한 지역신문사 기자로 일했다. 지역신문사 기자는 일당십-雙+이다. '사회부' 소속이었지만, 다른 부서 일손이 모자라면 교육부, 경제부 취재도

척척 해내야 했다. 그뿐이랴, 광고 영업, 신문 편집 등도 내 일 중 하나였다. 6년간 지역의 목소리를 대신 전한다는 사명감으로 회사가 시키는 대로 일했다. 2018년 이후 경기가 어려워지면서 회사는 육아휴직 중이던 내게 퇴직금을 줄 수 있을 때 퇴직하라며 권고사직을 강요했다. 기자 생활은 이렇게 사직서 한 장 내고 타의로 마무리됐다. 회사 생활에 마침표를 찍은 후 나는 오로지 '엄마'로만 살아야 했고 이 생활이 벅차기만 했다. 옹알이하는 아이와 24시간을 보내는 가운데 유일한 탈출구는 글쓰기였다. 평균 원고지 100매에 달하는 기사를 매주 썼다 보니, 글쓰기는 언제 생겼는지 알 수 없는 점처럼 내 안에 자리 잡았다.

연년생인 아이 둘을 낳고, 2020년 글 쓰는 노동자의 삶을 시작했다. 그때부터 나는 '4시의 신데렐라'가 됐다. 오전 9시부터 오후 4시. 일할 수 있는 시간은 총 7시간. 이 중 점심시간이나 이동 시간 2~3시간을 빼면 4~5시간 정도 취재하고, 글을 쓸 수 있다. 발주처는 주로 지역문화재단과 지자체다. 지역문화재단과 지자체가 의뢰한 이 일은 '용역사업'이라 불린다. 이 용역사업을 하려면, 사업자등록을 해야 했다. 사업자명은 '온윤'. 나는 1인 사업자 대표이자 작가가 되었다. 문화재단에서 매달 제작하는 홍보지에 재단 사업에 관한 글과 문화예술인을 취재한 글을 납품한다. 매달 홍보지에 실리는 원고는 모두 네 건이고, 원고지 60매 정도다. 지자체의 의뢰로 사라져가는 지역 마을공동체를 기록하는 일도 한다. 마을 어르신의 삶과 마을공동체를 취재하고, 구술을 기록으로 남기고 원고를 써서 매년 200매짜리 책 한 권을 만든다.

엄마와 글 쓰는 노동자의 경계는 구분하기가 어려워서, 마치 뒤섞인 퍼즐 조각 같다. 취재 업무와 써야 할 원고가 많을 때는 1시간 단위로 종종거린다. 제작회의, 취재, 원고 작성, 퇴고의 굴레를 오가며 '엄마'의 일도 병행해야 한다. 물을 마시러 주방에 오다가다 세탁기에 쌓인 옷무더기를 그냥 지나치지 못해 세탁기를 돌린다. 바닥에 떨어지는 머리카락은 왜 그리 많은지. 외면한 채 원고를 쓰다가도 청소를 한다. 혹여 아이 둘 중 하나라도 열이 나면, 그날은 모든 업무가 중단된다.

엄마와 글 쓰는 노동자 사이를 오가며 버는 순이익은 한 달 평균 150만 원 이하다. 운 좋게 4년 전부터 지역 도서관 요청으로 문화예술 수업 강사로 일하게 되면서, 하던 일에 '강의 준비'와 '강의'라는 업무가 보태졌다. 덕분에 월평균 50만 원 정도의 수익이 더 생겼다. 하지만 강사란 필요한 곳에서 '불려줘야만' 존재할 수 있다. 언제나 선택받길 기다리는 처지다. '다음 기회'가 내게 언제 주어질지 모른다. 그저 '부지런히 벌 수 있을 때 벌어야지'라고 생각하며, 시간을 잘 쪼개 알차게 보낸다.

글 쓰는 노동자로, 때론 강사로 일하다가 오후 4시가 되면 퇴근한다. 이제부터는 엄마로 출근한다. 하원 후 놀이터 붙박이가 됐다가 집에 돌아와 아이들 간식을 챙겨주고, 저녁 준비를 하고, 설거지를 한 뒤 아이를 재우고 나면 오후 10시다. 거실 바닥에 머리카락이 뒤엉킨 먼지 덩어리가 굴러다녀도 모른 척하고 소파에 누워야 겨우 내 시간이 된다. 몸은 녹초가 되고 머리는 안개 속처럼 흐리다. 하지만 잠깐 누웠던 몸을 일으켜 다시 컴퓨터 앞에 앉는다. 쓰고 싶고, 써야만 하는 '4시의 신데렐라'의 숙명이다.

*
**

신데렐라에게 필요한 건 튼튼한 운동화다. 걸음을 디딜 때마다 발바닥에서 피가 흐른다. 주변은 어둠으로 가득 차 아무것도 보이지 않는다. 내 감각만이 유일한 안내자다. 걷는 동안 자꾸 돌부리가 발에 차인다. 발은 온통 생채기 투성이지만, 발을 보호할 양말도 신발도 없다. 6년 동안

기자 생활을 하면서 매일 경찰서를 드나들었다. 진한 에스프레소보다 더 쓴 현실의 민낯을 봤다고 생각했다. 짧지도 길지도 않았던 6년은 마음의 단단한 근육이 돼줬지만, 1인 사업자로 맞닥뜨린 사회생활은 가시밭길을 맨발로 걷는 듯했다.

매달 만나는 새로운 취재원들은 평균 네댓 명. 지역 문화재단은 주로 문화예술인 인터뷰를 의뢰한다. 대부분 카페나 사람이 많이 드나드는 곳에서 진행된다. 사람들 눈이 많은 곳이기 때문에 여유로운 마음으로 일할 수 있다. 하지만 지역 마을공동체를 기록하는 일은 다르다. 인적이 드문 시골, 조용하고 사람이 없는 공간에서 60대 이상의 남성을 홀로 마주한다. 취재는 구술자의 자택이나 마을회관에서 진행된다. 취재가 이뤄지는 두세 시간 내내 온몸은 긴장감으로 날이 서 있다. 한번은 사업 결과물로 나온 책을 구술자에게 전달하러 가는 날이었다. 구술자는 70대 남성. 나와 만나기 전 술을 마셨는지 진한 알코올 냄새가 났다. 인사를 하고 궁금한 게 있어 이것저것 묻는데, 은근슬쩍 몸이 가까워지더니 손으로 내 허리를 감쌌다. 놀라서 급하게 몸을 떨어뜨렸으나 당황해 화를 내지도 못했고, 무언가를 할 수도 없었다. 정신없이 일을 마무리한 채 집으

로 돌아왔다. '어르신 이러시면 안 됩니다. 성희롱입니다'
라고 단호하게 말하지 못한 나를 한참 질책했다. 그날 이
후 마을공동체를 취재할 때마다 긴장감은 배가 됐다. 섭외
부터 취재까지 낯선 이를 홀로 만나야 하는 두려움을 안고
이 일을 계속하고 있지만, 여전히 다음 질문에 대한 답을
찾지 못했다. '부지불식간에 일어나는 성범죄로부터 어떻
게 나를 지킬 수 있을까.'

**

"글 잘 쓰시니까, 보도자료 좀 써주세요."

전화기 너머 B가 황당한 요구를 당당하게 했다. 뭐라
고 답해야 할지 한참 입을 떼지 못했다. '나는 글을 써서 먹
고사는 사람인데? 글 잘 쓴다고 자기 대신 보도자료를 써
달라고?'

'그럼, 원고료 얼마 주실 건가요?' 하고 따져 묻고 싶
었지만, "다른 일정이 많아 써드릴 시간이 없습니다. 죄송
해요"라고 돌려서 거절했다. B는 어린이 그림책 제작 수업
담당자였다. 애초 수업을 의뢰했던 A는 사정상 그만두고,
수업 중간 B로 담당자가 바뀐 상황이었다. 수업이 마무리
될 단계쯤 어린이가 그린 그림책 원화를 스캔해서 출판사

에 보내야 하는 상황이 생기자, B는 내게 원화 스캔을 요청했다. 애초 담당자 A와 계약 당시 '원화 스캔을 할 수 없다'고 이야기한 바 있고, 계약서에는 '그림책 제작 지도'만 적었다. 계약 상황을 모를 B에게 A와 있었던 상황을 구구절절 설명했다.

"아니, 작년 강사님도 해주셨던데, 계약서에 안 적혀 있어도 해줄 수 있는 거 아닌가요?"

계약서에 없던 내용을 뻔뻔하게 요구하는 B의 태도에 화가 났지만, 다시 참았다.

"계약서에 없는 내용은 해드릴 수 없습니다."

수많은 작가와 강사 중 내가 선택받아 일을 할 수 있다는 점은 감사하다. 미래가 불확실한 강사 신분으로 부당한 요구를 거절하는 건 용기가 필요한 일이다. 계약 전 계약을 미끼로 요청해오는 취재, 계약 종료 후에도 요청해오는 원고 작성 의뢰, '선의'로 포장된 무례하고 무리한 요구들. 불쑥 날아오는 '갑질'의 돌멩이를 막아내며, 그 상처를 홀로 감당하는 일은 오로지 내 몫이다.

**

"대표님, 사업 견적 좀 내주세요."

지자체, 지역문화재단과 계약할 때는 매번 인터뷰 대상 인원수와 원고 매수, 교통비, 운영비 등이 포함된 견적서를 만들어야 한다. 지난 5년간 수십 건의 계약을 했지만, 그럴 때마다 임금 기준을 찾아 헤맨다. 견적서에 책정된 임금은 발주처가 수용 가능한 '적정' 기준이 돼야 계약이 성사된다. 고민 끝에 기준으로 삼고 있는 건 '지방자치인재개발원 강사 수당 및 원고료 등 지급 기준'과 '경남도 생활임금*'이다. 내 평균 임금을 책정하기 위해 인터뷰 한 건당 소요되는 시간을 계산해봤다.

총임금 22만 3608원. 여기에 작가의 경력과 이동에 따른 연료비 및 통행료, 식비, 매달 내는 국민연금, 건강보험료, 각종 세금, 소모품 비용까지 넣는다면 인터뷰 한 건당 40만 원 이상 비용을 받아야 적정 임금을 확보할 수 있다. 스스로 임금 기준을 세웠지만, 발주처는 원고 작성의 특성이나 취재의 노동강도를 전혀 고려하지 않는다. 저비용 고효율에 목맬 뿐이다. 어떤 발주처는 인터뷰 한 건당 10만 원도 안 되는 금액을 임금으로 제시하기도 했다. 나

---

* 최소한의 문화적 생활 등 인간다운 삶을 살 수 있도록 최저임금 이상의 소득수준을 보장하는 임금. 2025년 경남도 생활임금 시급은 '1만 1701원'이다.

A	**2025년 경남도 생활임금 기준** • 시급: 11,701원 • 총 작업 시간 임금: 8시간×11,701원=93,608원
B	**원고료** ※ 200자 원고지 15매 분량=약 3000단어 ※ A4 용지 1면 기준(300단어)/3000÷300단어=10면 • 1면당=13,000원 지급 기준 10면 ×13,000원=130,000원
C	**총 임금(A+B)** 93,608원+130,000=223,608원

※ 원고=200자 원고지 15매 분량
※ 소요 시간 총 8시간=왕복 이동 시간 2시간, 취재 1시간, 원고 작성 및 퇴고 5시간

만의 임금 기준을 고수하며, 합리적이지 않은 제의는 거절하고 있다. 하지만 내가 거절한 일이 값싼 글쓰기 노동에 내몰릴 수밖에 없는 다른 작가에게 돌아갈 거라 생각하면 입안이 쓰다.

동화 속 신데렐라는 온종일 계모와 이복언니들의 구박을 받으며 가사노동을 한다. 그러다 잃었던 유리 구두를 찾고, 왕자와 행복한 결말을 맞는다. 오늘날 '글 쓰는 4시의

신데렐라'에겐 그런 유리 구두도, 요정의 마법도 없다. 아이를 품고, 가정을 꾸리며 시간의 틈바구니에서 글을 써내려간다.

글 쓰는 노동자는 발로 현장을 누비며 이야기를 모으고, 그 이야기로 독자의 마음을 흔들고 변화를 이끈다. 이 땅의 수많은 '글 쓰는 4시의 신데렐라'는 맨발로 치열한 현실의 험난한 길을 걷고 있다. 이들에게 필요한 건 요정의 마법 같은 기적이 아니다, 발을 감싸줄 포근한 양말과 튼튼한 운동화 같은 '사회적 보호망'이다. 성범죄로부터 안전한 노동환경, '갑질'에 같이 맞서줄 지원군, 당당하게 내밀 수 있는 임금 기준표 등 구체적이고 실질적인 보호망이 필요하다. 보호망이 주어진다면, 글 쓰는 노동자의 이야기는 더 멀리, 더 깊게 퍼져나가 세상을 움직이는 힘이 될 것이다. 글 쓰는 노동자의 발에 더 이상 생채기가 나지 않기를, 이들의 발걸음으로 모인 풍요롭고 단단한 이야기가 어제보다 나은 내일을 만들어가길 바라본다.

운이 좋아
살아남았습니다

박권일
기자 생활을 하다 공직을 거치고 나서
독립연구자이자 프리랜스 저널리스트로
일한다. 때로 미디어사회학자 또는
언론학 박사로 호명된다. 지은
책으로 《한국의 능력주의》, 《축제와
탈진》, 《소수의견》 등이 있다.
저널리즘, 극우주의, 부족주의, 감정과
이데올로기에 관심이 많다.

종종 나를 어떻게 소개해야 할지 난감할 때가 있다. 언론,
출판, 학계라는 좁은 영역을 벗어나면 나는 간첩보다 수상
쩍은 사람이 되어버린다. "사회비평가? 자유기고가? 프리
랜스 저널리스트? 그게 뭐 하는 사람이죠?" 이렇게 물어
보면 딱히 할 말이 없다. 이런저런 글을 썼다고 말하거나
저서의 제목을 알려주고 상대가 "아, 그 책!" 하고 아는 척
이라도 하면 다행이다. 여전히 얼굴에 물음표가 떠 있으면

그때부터 진땀이 나기 시작한다. "그냥, 이런저런 글 쓰는 사람이에요"라고 말하고 화제를 돌리고 만다.

처음부터 '작가'라고 말하는 경우도 있다. 그 명칭 역시 수상쩍긴 마찬가지지만 사람들은 듣자마자 뭔가 알겠다는 듯 고개를 끄덕거린다. 하지만 내가 재차 "근데 소설, 시, 에세이는 아니구요"라고 하면 상대 얼굴은 다시 의혹으로 가득 찬다. '작가'라는 사람은 으레 소설, 시, 에세이를 쓰는 사람일진대 그럼 이 사람은 대체 무슨 글을 쓰는 작가라는 걸까? 그래서 나의 대답도 도돌이표다. "소설, 시, 에세이는 아니고 그냥 이런저런 글 쓰는 사람이에요."

세간에서 '작가'란 대체로 픽션을 쓰는 창작자이고 그 외의 다른 글은 작가 활동의 범주에 들어가지 않는다. 그나마 역사나 철학 같은 인문학 논픽션 작가들은 사정이 낫다. 소설, 시, 에세이만큼은 아닐지 몰라도 조선왕조실록, 로마제국, 쇼펜하우어에 대한 이야기를 사람들은 무척 좋아하니까. 그러나 사회비평이나 사회과학 논픽션은 다르다. 30~40년 전쯤에 한국에 사회과학의 전성시대가 잠깐 열린 적도 있다지만, 지금 이 분야는 그야말로 '마이너 중의 마이너'다. 대학의 사회과학 학과들이 속속 폐지되는 것만 봐도 상황이 얼마나 처참한지 짐작할 만하다.

이렇다 보니 나처럼 사회비평 또는 사회과학 논픽션을 쓰는 작가는 지극히 드물다. 있다고 해도 대부분 어떤 연구소의 연구원이거나 어느 대학에 적을 둔 교수이거나 강사다. 그래서 소속된 직장이 없는 작가들, 그러니까 사회비평, 사회과학 논픽션 글쓰기가 글자 그대로 '밥벌이'인 사람은 자기소개부터가 난관이다. 기자 시절, 정치 평론하는 분들이 들어본 적 없는 무슨 거창한 이름의 연구소 소장이라 적힌 명함을 건넬 때 우스꽝스럽다고 생각한 적이 있다. 그 대부분은 실상 '1인 연구소'였기 때문이다. 하지만 막상 내가 프리랜서로 살아보니 다 이유가 있었다. 각종 연구소의 난립은 처음 보는 이에게 나를 설명하는데 더 이상 진을 빼고 싶지 않다는 눈물 나는 자구책이다.

그런데 사회비평, 사회과학 논픽션이란 구체적으로 어떤 것을 말하는가? 먼저 가장 짧은 형식으로는 신문사의 시사 칼럼이 있다. 분량은 대개 2000자 전후, 많아야 4000자 정도다. 긴 글로는 주간지, 계간지 등에 실리는 평론이 있고 매체에 따라 다르지만 대략 4만 자에서 10만 자 내외다. 물론 어떤 주제에 대해 20만 자 이상의 글을 써서 단행본으로 출간하기도 한다. 이런 글을 쓰는 사람 중에 대표적으로 꼽을 만한 이로 누가 있을까? 세계적 성공

사례로는 저널리스트·작가인 말콤 글래드웰이 있다. 불문학과 교수였지만 사회비평으로 더 유명한 우치다 다쓰루 같은 이도 포함할 수 있을 것이다. 내가 사회비평을 쓰기 시작한 초기에 가장 영향을 받은 사람은 사회학자 리처드 세넷, 페미니스트 비평가 벨 훅스, 언론학자 강준만, 비평가·에세이스트 서경식이었다. 재일조선인 서경식은 일상에서 한국어를 어느 정도 구사하긴 했으나 평생 일본어로만 글을 썼다. 그래서 내가 접한 글은 모두 번역문이었지만 외우다시피 거듭 읽은 글은 서경식의 것이 유일하다. 그의 글에는 문학적 감수성, 역사적 통찰, 비판적 지성이 완벽한 균형을 이루고 있다.

사회비평은 워낙 넓은 스펙트럼에 걸쳐 있어서 직업이나 전공이 따로 정해져 있지 않다. 다만 광활한 영역을 하나로 아우르는 열쇳말이 있다면 '동시대성contemporariness'일 것이다. 물론 사회비평만이 아니라 소설, 영화, 음악, 미술도 당대 현실을 벗어나 존재할 수 없고, 그런 점에서 모든 작품은 동시대적이다. 그러나 사회비평의 동시대성은 더 직접적이고 본격적이다. 독일에서는 학자, 언론인, 예술가의 사회비판적 글쓰기가 상당히 활발한 편인데, 그 배경에는 현실의 문제에 대한 지적 개입을 중요시하고 장려하는 사회적 풍토가 있다. 그러한 글쓰기, 다시 말해 현실에 대한 비판적이고 분석적인 개입으로서의 글쓰기가 바로 '시대진단Zeitdiagnose'이다. 과거 한국에서는 학자가 자신의 전공과 크게 관계없어 보이는 현안에 대해 글을 쓰면 "학자가 공부는 안 하고 '잡문'이나 쓴다"고 백안시하거나 "정치하려고 저러나"라며 비아냥대기 일쑤였다. 나는 그러한 관점, 즉 학문·예술은 순정하고 고상한 것이며 정치사회적 발언은 삿되고 천박하다는 식의 이분법이 한국 엘리트의 부패와 공적 담론의 질적 하락을 방치한 요인 중 하나라고 단언한다. 그런 태도는 현안에 얽힌 이해관계를 투명하고 건조하게 논하는 일을 꺼리게 만드는 한편, 공적 논의를 텅 빈 미사여구로 치장하거나 아니면 소인배들의 이전투구로 치부하게 만든다.

언론학자 강준만은 그래서 유의미한 사례다. 그는 대학의 정교수라는 안정된 자리에 있었지만 경이로운 생산성으로 1990년대 후반부터 지금까지 거의 30년 가까운 기간 동안 570종 이상의 단행본을 저술했다. 그는 한국사회의 각종 문제들에 대해 끊임없이 비판적 개입을 하면서도 현실정치에 뛰어들지 않고 끝내 한 명의 독립적 지식인으로 남았다. 물론 강준만식 글쓰기가 사회비평이란 영역을 대표하지는 않으며, 더욱이 이 분야를 부흥시켰다고 할 수도 없다. 내가 강준만의 글을 읽을 때 동의하는 만큼이나 동의하지 못한 경우도 많았다. 그럼에도 그가 끈질기게 이어온 작업들이 나를 포함해 사회비평에 종사하는 작가 노동자들에게 큰 영향을 끼쳐왔음은 부정할 수 없다. 모르긴 해도 강준만이 없었다면 대한민국의 사회 담론은 지금보다 더 형편없었을 것이다.

이제 작업work이 아니라 노동labour에 대해 말할 때가 된 것 같다. 사회비평이라는 일을 지속하려면 그것으로 먹고살 수 있어야 한다. 그럴 수 있을까? 일말의 거짓 없이 솔직히 말하겠다. 작가노동의 사회적 조건이 현재와 같은 한, 글만으로 생계를 유지하는 건 불가능하다. 물론 앞서 언급한 강준만처럼 초인적인 생산력을 발휘한다면, 대학교수가 아니더라도 먹고살 수 있다. 그러나 그건 매우 예외적인 경우다. 대부분은 1년에 단행본 한 권 내기도 버거우며, 만약 경력이 5년 차 이하라면 일간지 칼럼을 한 주에 하나씩 쓰는 것조차 힘겨울 것이다. 써본 사람들은 잘 알겠지만 일간지 칼럼 한 편을 준비하는 데 들어가는 자료와 공력은 정말 만만찮기 때문이다. 그리고 더 중요한 사실이 있다. 운 좋게 일간지 칼럼을 쓰게 됐다고 치자. 극히 일부를 제외한 대다수 종합일간지 원고료는 허탈할 정도로 적다. 예를 들어 나는 《한겨레》에 13년 넘게 칼럼을 쓰고 있는데, 현재 2100자짜리 기명 칼럼의 편당 원고료 실수령액이 20만 원이 살짝 넘는다. 그리고 10년 넘게 원고료는 변함이 없다. 이래선 일주일에 한 편씩 써도 최저생계비 미만이며, 한 달에 최소 15편의 칼럼을 써야 겨우 아사를 면할 정도인데 애초에 일간지 칼럼을 한 달에 15편 쓴다는 건 물리적으로 불가능하다. 강준만도 책을 한 달에 한 권씩 내면 냈지, 일간지 칼럼을 그렇게 쓰지는 못했다.

내 경우 최소한의 생활을 위해서는 강의와 강연을 필수적으로 해야 했다. 대학의 교양과목 강의에 출강하거나 이른바 '언론고시' 준비생들의 논술을 가르치기도 했다. 단행본을 출간하면 이후 약 2~3년간 제법 강연 요청이 많이 들어왔다. 2007년 《88만원 세대》를 내고는 대략 150여 회, 2021년 《한국의 능력주의》를 내고는 대략 60여 회 정도 했다. 주로 노동조합, 시민단체, 공공기관, 학교, 교사 모임, 정당, 독서 모임, 지역 도서관, 독립서점 등에서 강연 요청이 왔다. 강연료는 요청자에 따라 천차만별인데, 2시간 반 강연에 20만 원인 곳이 있는 반면 1시간 강연에 100만 원을 주겠다는 곳도 있다. 가끔 대기업이나 CEO

조찬 모임 같은 곳에서 강연 요청이 오기도 했다. 그런 곳은 강연료가 서너 배 정도 많았다. 전국에 강연을 다니면서 나는 이른바 '강연 시장'이 얼마나 왜곡돼 있는지 절감했다. 강연료는 강연의 질과 상관없이 오직 유명세에 좌우되거나, 몇몇 공공기관들의 경우 황당한 관료적 잣대(장·차관 경력, 박사학위 여부 등으로 위계 서열화된)에 의해 결정되었다. 납득할 수 없는 부조리한 절차를 요구하는 곳도 적지 않았다. 가장 어이없는 건 강연을 요청할 때 강연료를 전혀 언급하지 않는 행태다. 그래서 강연료와 교통비 지원 여부 등을 다시 문의하면 "얼마면 되냐?"는 식으로 흥정하듯 되묻는 곳도 있다. 작가의 노동 현장은 한마디로 체계도, 기준도 무엇 하나 제대로 잡혀 있지 않은 혼돈의 아수라장이다.

이 글을 쓰고 있는 2025년은 프리랜서가 된 지 18년 차 되는 해다. 돌아보면 능력에 비해 과분한 사랑을 얻었다. 몇몇 책과 글로 큰 상을 받는 영광도 누렸다. 책의 성공으로 경제적으로 풍족했던 해도 간혹 있었지만 대체로는 생계를 걱정하며 살았다. 그럼에도 내가 이런 삶의 방식을 고수하는 것은, 사회비평과 사회과학 논픽션이라는 글쓰기를 좋아하기 때문이다. 좋아하는 일을 하며 살아남을 수 있었던 것은 능력이 출중해서가 아니라 운이 좋아서였다. 무엇보다 어려운 시절에 여러 사람들이 지지하고 도와주었기 때문이다. 감사의 마음과 별개로, 앞으로 글 쓰는 노동자의 사회적 조건들, 특히 제도적 환경은 반드시 개선되어야 한다. 나와 같은 길을 걷는 이들이 자신이 좋아하는 글을 마음껏 쓰며 살아가기를 바란다. 단지 돈 때문에 동의하지 않는 글을 억지로 쓰지 않기를 바란다. 온 마음을 담은 글로 독자를 감응하게 하고 세계의 고통을 치유할 수 있기를 바란다. 이를 위한 최소한의 조건은 시민이자 노동자로서 합당하게 존중받는 것이다. 작가노조 출범은 이 목표를 향한 결정적 한 걸음이다.

죄송하지
않기
위해서

은유
르포 작가. 《글쓰기의 최전선》, 《알지
못하는 아이의 죽음》, 《있지만 없는
아이들》, 《해방의 밤》 등을 썼다.
'감응의 글쓰기', '메타포라' 등 글쓰기
수업을 진행한다.

한 출판사에서 온 원고청탁서에는 원고료가 나와 있지 않
았다. 새삼스러울 게 없는 것이 불과 2~3년 전만 해도 예
사로운 일이었다. 그런데 일군의 작가들이 앞장서서 '고료
(와 고료 지급일)를 고지해달라'는 목소리를 내기 시작했고,
업계에도 점차 변화가 일어났다. 요즘은 웬만해선 원고 분
량, 마감일과 더불어 고료는 필수항목이 되어가고 있다.
그런데 그날 날아온 원고청탁서는 꽤 규모 있는 출판사에

서 보냈음에도 고료가 누락되어 있었다. 그 점이 걸렸다. 여러 작가와 협업을 하는 곳인데 설마 그간 아무도 고료 문제를 제기하지 않았을까, 요구가 있었지만 반영하지 않았으려나, 그게 아니면 왜 아직 개선이 안 됐을까. 어떤 경우라도 찝찝했기에 선뜻 답신을 보내지 못하고 있었다. 다음 날 담당자에게 전화가 왔다.

　"작가님, 메일 받으셨나요? 고민해보셨을까 해서요."

　"아, 네 메일 봤어요. 그런데 원고료가 안 쓰여 있더라고요."

　담당자는 사내 규정에 따른 고료를 알려줬다. 지하철에서 전화를 받은지라 어차피 길게 통화하기 어려운 상황이기도 했지만 핸드폰 너머 들려오는 금액을 듣고는 어렵지 않게 의견을 밝힐 수 있었다. "아, 주제는 관심이 가는데요, 고료가 제 기준에 맞지 않네요. 합당한 보수라고 생각하지 않는 고료로는 앞으로는 일을 하지 않으려고 해요. 죄송합니다……"

　담당자가 제시한 고료는 200자 원고지 15매에 20만원. 그건 내가 처음으로 사보에 글을 쓰고 받은 금액과 정확히 일치했다. 20년째 임금 동결! 어찌 이럴 수가 있나 싶었지만 능히 그럴 수가 있다. 노동자가 권리를 주장하지 않는데도 저절로 임금 상승이 이뤄지거나 근무조건이 개선되지 않는다는 건 노동계급의 역사가 증명하고 나 또한 프리랜서 집필노동자로 일하며 여실히 겪었으니까.

2006년부터 '자유기고가'라는 명함을 파고 기업이나 정부에서 내는 간행물에 글을 썼다. 내가 받은 첫 원고료인 15매에 20만 원은 당시 업계 평균 임금이었다. 최저 15만 원, 최고 30만 원을 오갔다. 그것도 원고를 납품하면 두 달 후에나 입금됐다. 월간, 격월간, 계간 등 여러 매체로부터 일을 받아 저글링하듯 글을 회전시키고 지하철에 서서 퇴고하며 원고를 쳐내야 겨우 매달 생활비가 나왔다. 그렇게라도 글밥으로 먹고사는 게 가능했던 나는 꽤 운이 좋은 편이었다. 그땐 그저 '글이 돈이 된다'는 사실만으로도 감읍 또 감읍했기에 스스로도 노동자의 정체성을 갖지 못했다.

그러다가 한 회사에서 누적 100만 원이 넘는 고료를 떼였다. 그 돈은 원고 다섯 편의 밀린 임금인데, 대표는 사정이 어렵다며 다음 달에 준다더니 여름엔 추석 전, 해가 바뀌자 설 전으로 미루다가 급기야 회사 문을 닫아버렸다. 폐업한 것이다. 대표는 1년 동안 나와 통화할 때마다 기계를 틀어놓은 게 아닐까 의심될 만큼 같은 말만 반복했다.

"죄송합니다."

2012년 첫 책을 내고 단행본 작가가 되었을 땐 출판사에서 3년 만에 절판을 전화로 통보받았다. 판매 부진이 이유였다. 그런데 책이 안 팔린 건 왠지 나의 역량 부족 때문인 거 같았기에 처음엔 출판사에 면목이 없다는 생각마저 들었다. 그런데 곱씹을수록 이상스러웠다. 분명 출판 계약은 5년인데, 왜 동등한 계약 주체인 저자에게 의논 한마디 없이 일방적으로 절판을 결정했을까. 이건 경영 악화를 이유로 어느 날 노동자에게 문자로 해고를 알리는 나쁜 관행과 크게 다르지 않다. 가만히 있으면 가마니가 될 것 같았다. 노동력으로 사용되는 순간 노동자에게 '탈인격화'가 일어난다는 마르크스의 말이 이런 거였나 싶었다. 그래서 사람의 목소리를 내기로 결심했다. 나의 책을 만든 편집자는 퇴사한 상태라서 회계 담당 직원에게 연락을 받았는데, 그래도 얼굴을 본 적이 있는 사람과 대화하고 싶어서 출판사 대표에게 절판 절차에 유감을 표하는 메일을 타전했다. 그러자 바로 정중한 답신이 왔다. 절판을 철회하겠으며 미처 헤아리지 못해서 죄송하다는 말과 함께.

나는 동서고금 대문호의 책으로 글쓰기를 익혔다. 작법서도 보이는 대로 참고했지만 조지 오웰 유의 에세이에서 왜 쓰는지 무엇을 어떻게 써야 하는지 그들의 사유를 모방하며 글쓰기를 연마했다. 그런데 작가로서 관점과 태도가 아닌 생활인으로서 생계에 관한 실질적 정보는 거의 접하지 못했다. 그래서 고료나 관계 등으로 현실의 곤란에 직면할 때마다 너무나 당황스러웠다. 돈 이야기를 꺼내도 되는 걸까? 권리를 주장해도 될까? 한다면 어떻게 해야 할까?

다행스럽게도 최근에 읽은 책에서야 작가의 '돈' 이야기를 만났다. 대만의 작가 천쉐의 《오직 쓰기 위하여》에는 그가 생활의 거대한 압력에서 어떻게 날마다 글쓰기를 붙들고 작가가 되었는지 생생한 경험이 나온다. "그래도 여전히 일거리가 많이 필요했기에 고료가 높은 청탁을 받으면 아무리 희한한 주제라도 모두 써보려고 했다" 같은 문장은 작가로 생존하기 위한 나의 분투와 다르지 않았기에 위로가 되었다. 노벨문학상을 수상한 폴란드 작가 올가 토카르추크는 《다정한 서술자》에서 말한다. "작가들이 지나치게 낮은 원고료에 대해 불평하면 왜 다들 그렇게 분개할까요? 오늘날 모든 것에는 대가가 있다고 여기면서 왜 우리는 여전히 소설이 하늘에서 떨어진다고 생각할까요?" 라고.

올가 토카르추크가 지적하듯이 작가에게 물질적 기반이 제공되지 않는 한, 문학과 예술은 존재할 수 없다. 작가에게 고료는 생활의 근간이기에 일의 기준이 된다. 편의점 알바라도 할라치면 시급부터 검색하듯이 작가도 마찬가지다. 그다지 쓰고 싶지 않은 글이라도 계속 써야지만 쓰고 싶은 글을 쓸 수 있는 토대가 마련된다. 나 역시 꾸준히 단기 아르바이트 형식으로 온갖 글을 써서 생계를 지탱했다. 전업작가로서 집필과 강연만으로 생활이 가능해진 건 글쓰기 책 두 권이 차츰 알려지고, 절판된 첫 책이 다른 출판사에서 개정판으로 나온 2016년부터다.

그즈음 르포를 작업하며 몇몇 언론사에 칼럼을 연재하기 시작했다. 매주 원고를 마감하는 '미싱은 잘도 도네 돌아가네'의 시즌 2가 도래한 것이다. 시즌 1과 달라진 것이 있다면, 상대의 필요에 따라 청탁이 오는 '수도꼭지 고용' 형태에서 벗어나 안정된 기고처가 생겼다는 점이다. 물론 언론사도 개편이 있긴 하지만 최소한 1년 정도는 연속 고용이 보장된다. 고료는 자유기고가 때와 비슷했다. 8.7매에 20만 원, 12매에 18만 원, 20매도 20만 원. (원고 한 편 작업 시간은 8매나 15매나 별반 차이가 없다는 데 많은 필자들이 동의할 것이다.) 세금을 제하고 나면 통장에는 대략 16만 원에서 19만 원 조금 넘는 돈이 입금됐다. 그런데 4주 간격으로 10매 전후의 원고를 쓰기 위해 한 달 내내 24시간 두뇌의 스위치가 꺼지지 않았다. 책을 봐도 설거지를 해도 붕어빵을 사다가도 머릿속엔 온통 '칼럼 생각'뿐이었다. 고급 디저트와 커피 세트를 놓고 초고를 쓰고 다음 날 한 번 휙 봐야지 해도 더 나은 조사와 단어와 표현을 골몰하다 보면 두세 시간이 훌쩍 증발해버렸다. 쓰지 않은 시간에도 책을 파고 자료를 모으고 사유를 다졌다. 그게 작가의 일이니까. 허리와 손목이 자주 고장 났고 한의원과 정형외과를 번갈아 방문해야 했다. 손가락이 말을 듣지 않아 정형외과에 갔을 땐 의사가 "무슨 일 하세요?"라고 물었다. 글을 쓴다고 말하기가 왜 그렇게 부끄러운지 입이 떨어지지 않아서 그냥 컴퓨터로 일한다고만 했는데, 과사용 때문이니 손가락을 사용하지 말라는 처방을 받았다. 안 그래도 책 때문에 터져나갈 지경인 집에는 승모근 안마기, 파라핀 치료기, 악력기 등 소형 건강기기가 증식했다. 그렇게 말랑말랑 보드라웠던 손가락이 나뭇가지처럼 뻣뻣해지도록 몸과 시간을 쏟아부어 원고를 추출하다 보니 내가 받는 고료가 턱없이 작게 느껴졌다. 5년 넘게 연재하는 동안 고료 인상은 없었다. 나도 요구하지 못했다. 왜냐하면 내가 일에 들이는 시간과 공력은 의뢰인이 강제한 게 아니었고 자발적 헌신의 모양새를 띠었기 때문이다. 과로는 자책으로 결론이 났다. '만약 내가 지식이 더 풍부했다면, 작업 속도가 빠른 편이었다면, 더 건강하고 젊은 신체였더라면 집필 시간이 단축될 수 있지 않을까.' 문제의 원인도 해결책도 나 자신에게로 귀속되는 사고의 회로에 갇혀버리자 입이 다물어졌다.

그러던 어느 날 한 잡지사에서 인터뷰 의뢰가 왔다. 취재요청서를 보는 순간 나는 눈을 의심했다. 원고 분량 28매, 원고료 80만 원. 언제나 말값보다 글값이 헐하다. 강연료가 아닌 원고료에선 본 적 없는 숫자였다. 고료 80만 원이 장미꽃 80송이처럼 나를 들뜨게 했다. 일을 하기도 전에 노동의 수고를 인정받고 내 글쓰기 역사와 가치가 존중받는 느낌이었다. 돈이 전부가 아닌 줄 알았는데 돈이 전부였구나. 적어도 그 순간만큼은 그랬다. 이 행복한 고료 사건을 글 쓰는 친구들이 모인 자리에서 터놓았더니 하나같이 눈을 동그랗게 뜨며 놀라워했다. "진짜야? 근데 그정도 줄 거면 기자를 한 명 더 뽑는 게 낫지 않나?" 가난한 언론사에서 박봉을 받는 친구가 말하자 다 같이 와하하 웃음을 터뜨렸다. 이내 슬퍼졌지만.

고통 말하기는 진리다. 부당하고 억울하면 말하고 떠들고 설쳐야 그게 나만 겪는 일이 아님을 안다. 자기 탓으로 문제를 덮어버리지 않고 사회구조를 보게끔 시야를 넓혀준다. 그래서 약자에겐 말하기가 살길이다. 나는 높은 고료를 한 번이라도 받고 나니 '원래 그래'의 무력감에서 벗어날 수 있었다. 작가들을 만나면 금기처럼 여겨져서 아무도 묻지도 말하지도 않은 고료를 화제로 던졌다. 모 언론사는 칼럼 한 편에 50만 원이라는 말이 들렸고, 고료가 5만 원인 곳도 있었다. 세상에나, 쌀로 원고료를 퉁치는 곳도 있었다. 이역만리 《뉴욕타임스》의 고료는 칼럼 한 편에 100만 원을 준다고도 했다. 미드가 아닌 현실에서 그렇다고. 뭐 일일이 사실을 확인해보진 않았지만 대화를 통해 사례가 쌓일수록 현실 인식은 또렷해졌다. 수년간 교통비가 900원에서 1500원으로 오르고 칼국수도 6000원에서 1만 원으로 상승했고 전기료, 통신비, 병원비, 배달비, 월세까지 무서운 줄 모르고 치솟는데 원고료만 제자리라는 것. 본디 노동력의 가치가 생산물에 대해 매겨지는 게 아니라 상품을 생산하는 데 드는 재생산 비용의 대가임을 감안한다면, 집필노동자의 임금인 원고료는 자본주의 시장의 기본 원리에서조차 벗어나 있었던 거다.

단행본을 낸 작가의 상황이라고 다를까. 내가 인터뷰를 하다가 만난 다른 장르 동료들의 하소연, 글쓰기 수업에서 책을 내고 작가로 데뷔하는 학인들의 상담 사례 등을 종합해보면 인세 조건이나 인세의 지급 시기는 천차만별에 제각각이다. 심지어 인세가 체불되어서 '죄송합니다'라는 말을 듣고 기다려야 하는 작가가 여전히 적지 않다. 영화 관객 수처럼 책 판매량을 바로 확인할 수 있는 전산화 시스템도 없다. 세계적인 작가를 배출하는 K-문학을 떠받치는 출판업계의 환경은 상당히 낙후된 채로 굴러가고 있다.

개탄만 하고 있을 수는 없는 것이, 작가인 나도 엄연히 출판업계의 일원이기 때문이다. 구성원이 가만히 있는데 업계가 좋아지는 마법은 단연코 일어나지 않는다. 그래서 문제라고 여기는 문제에 대해 페이스북과 인스타그램 등 SNS를 통해 짬짬이 사례를 공론화했다. 그러면 각자 당한 경험을 터놓는 댓글이 와글와글 달리곤 했다. 나는 또 원고 요청, 강연 요청, 집필 제안이 올 때마다 긴 답장을 보냈다. 그냥 수락하거나 그냥 거절하지 않고 하나하나 이유를 상세히 설명한다. 단기 아르바이트를 구할 때도 시급을 알아야 하고 직장인이 연봉을 기준으로 입사를 결정하듯이 작가도 원고료·강연료를 알려주셔야 결정할 수 있다고 말이다. 한 분야에서 경력이 수십 년 쌓인 사람이 낮은 고료로 일할 경우 작가들의 전반적인 처우가 낮아질 수 있다며 협상한다. 르포 작가로 일하면서는 취재에 드는 교통비, 식비, 커피값 등 별도의 진행비를 출판사에 요구하기도 했다. 시작이 관행이 되길 바라며.

사실 나를 믿고 일을 의뢰한 상대와 협상하는 게 마냥 마음이 편치는 않아서 메일을 써놓고도 말의 온도가 냉랭한 건 아닌가 거듭 살펴보곤 한다. (혹시 제 메일로 감정 상한 분이 계시다면 이 지면을 통해 사과드립니다.) 답장을 기다리며 가슴이 조마조마해지기도 한다. 다른 작가들 역시 서러운 마음이 들어도 권리를 주장하기가 만만치 않으리라 짐작한다. 그게 겨우 찾아온 청탁의 기회라면 더욱더. 그렇기에 고료 협상이나 권리의 요구가 개인의 능력, 기질, 상황, 운에 맡겨져서는 안 된다고 생각한다. 누구나 생계와 존엄을 지키며 글을 쓸 수 있도록 최저 고료와 노동조건이 보장되는 구조의 설계가 시급하다. 출판 생태계가 좋아져야 구성원들 삶의 질이 나아진다. 모두가 글을 쓰고 싶어하지만 정작 글 쓰는 사람의 권리에는 아무도 신경 쓰지 않는 모순된 현실에서 작가노조라는 울타리를 우리 손으로 만들고 싶은 이유다.

　나는 그만 죄송하고 싶다. '작가님 죄송하지만 지급 기준이 이거밖에 안 됩니다ㅠㅠ'라거나 '죄송하지만 고료가 맞지 않습니다'라며 힘없는 실무자들끼리 죄송의 언어만 교환하는 건 슬프고 기운이 빠지는 일이다. 인간은 긴밀하게 연결된 존재라서 동료가 불행한데 나만 행복할 수 없다. 만일 행복하다면 동료의 불행에 눈 감은 대가일지도 모른다. 나는 문학에서 그렇게 배웠다. 책 제목이기도 한 명언대로 '혼자만 잘살면 무슨 재민겨'. 그래서 나는 작가들이 고도를 기다리듯 소위 '대박'을 기다리며 불안정한 상황을 견뎌내기보다는 다 같이 힘을 합쳐 물가상승률이 반영된 고료를 보장받는 식으로 업계의 규칙을 하나씩 바꿔나가는 일을 도모하면 좋겠다. 그게 가장 느리지만 가장 빠른 길이라고 생각한다.

　또 한 가지. 작가도 노동자라는 낯선 조합이 상식이 되면 좋겠다. 작가의 일은 너무도 혼자의 일이라서 대외적으로 베일에 싸여 있다. 내 경우도 책이 나오면 아이들이 묻는다. "엄마 언제 책 썼어요?"라고. 가족도 이럴진대 남들은 오죽하랴. 업무 파트너로 만나는 동료들이 작가의 노동에 무지해서 벌어지는 천태만상 일들로 인한 심적 타격도 크다. "작가님, 모신 김에 부탁 하나 해야겠네요. 저희 연수원 정문에 걸어놓을 표어를 좀 지어주시죠"라고 말하는 윗분들에게 웃으며 화내는 법을 연구해서 개인기로 돌파하는 게 아니라, 작가는 문장 자판기가 아니라는 게 상식으로 합의된 사회에서 서로 죄송할 일 없는 집필노동자로 일하고 싶은 것이다. 안 그래도 늘 죄송한 직업이 작가다. 더 좋은 글을 쓰지 못해 죄송하고, 나무에게도 죄송하고, 이 악머구리 끓는 세상에 또 말을 보태는 작가로 사는 것 자체가 죄송하다. 죄송한데도 할 줄 아는 일이 이것밖에 없어서 또 죄송하다.

나는 좋은 일터에서 동료들과 즐겁게 일하고 싶은 노동자다. 동시에 글쓰기가 더 나은 세상을 만든다고 믿는 작가다. 그렇기에 작가노조라는 선택은 자연스럽다. '여성에 대한 억압이 있어서 페미니즘이 등장했다기보다 거꾸로 페미니즘 언어가 있어서 여성에 대한 억압을 가시화할 수 있고, 또 그것을 언어화할 수 있다'고 배웠다. 우리도 다르지 않다. 작가노조라는 조직과 상징이 있어야 작가에 대한 억압과 곤경의 가시화가 언어화가 가능해진다. '이토록 폭력적이고 이토록 아름다운 세상'에 대해 기록하고 개입하는 사람이 가장 많은 업계에서 일하는 노동자이자, 타인의 고통에 기꺼이 연루되는 직업인 작가로서 우리는 분열 없이 일하고 긍지와 자부를 느낄 수 있을 것이다. 한 명의 노벨문학상 수상자 배출만큼이나 생활고로 인한 작가 한 명의 죽음을 막는 것이 공동체가 마음을 모아야 하는 과업 이라는 사실에 '아니요'라고 말할 수 있는 이가 있을까.

왜
작가노동의
가격은
쌀까?

이상민
정부 예산서를 분석하는 타이핑노동자.
중앙정부와 지방정부의 예산서, 결산서, 집행
내역을 매일 업데이트하고 분석하는 일을
한다. 재정 관련 정책이 법제화되는 과정을
추적하고 분석하는 덕업 일치 타이핑노동자.
《경제뉴스가 그렇게 어렵습니까》를 썼고,
《한겨레》,《시사IN》,《미디어오늘》 등 여러
언론매체에 고정 칼럼을 연재했다.

월급 받는 직장인을 사노비라고 칭하기도 한다. 직장이 내 생활 패턴만 제어하는 것은 아니다. 내 삶의 가치와 영혼에까지 큰 영향을 끼친다. 월급쟁이를 때려치우면 거의 카페나 치킨집 같은 자영업을 하게 된다. 만약 실수령액으로 약 250만 원을 받다가 PC방이나 카페를 차려서 매달 500만 원을 번다고 하자. 매출이 아니라 지출액을 제한 순이익 500만 원이 매월 통장에 쌓인다면 직장을 때려치우길 잘한 걸까? 아니다. 경제적으로만 보면 직장에서 실수령액 250만 원을 받는 것이 더 이득이다.

첫째, 일하는 시간이 훨씬 늘었다. 자영업자는 12시간 노동이 기본이다. 공휴일도 없다. 둘째, 투자 비용의 감가상각을 따져야 한다. PC나 커피기계 등은 몇 년이 지나면 교체해야 한다. 특히, 인테리어가 노후화하면 손님이 끊긴다. 최소한 5년 뒤에는 리모델링해야 한다. 5년 동안 모아놓은 돈이 단번에 나가게 된다. 감가상각이란 보이지 않는 실질 비용이 매월 나가고 있다는 의미다. 결국, 진짜 손에 쥐게 되는 순이익은 500만 원에서 감가상각이라는 충당 비용을 제외한 금액이다. 이를 회계적으로는 현금주의 이익이 아닌 발생주의 이익이라고 한다. 셋째, 투자의 기회비용도 따져야 한다. 자영업에 2억 원을 투자했다면 그 돈을 땅에 묻고 있지는 않다. 넷째, 직장인은 실수령액보다 많은 혜택이, 자영업자는 현금 흐름상 순이익보다 많은 지출이 있다. 직장인 실수령액이 연봉보다 적은 이유는 국민연금이나 건강보험료, 근로소득세 원천징수를 떼기 때문이다. 그런데 이들은 나의 노후, 질병을 위해 내는 돈이다. 결국 다 나중에 나에게 돌아오는 돈이다. 근로소득세 원천징수의 상당 부분은 다음 해 '13월의 월급'으로 돌아오기도 한다. 따라서 직장인의 경우 실수령액보다 실제 소득이 더 많다. 가끔 보너스까지 받으면 더 그렇다. 그러나 자영업자의 경우 현금 흐름상 순이익 500만 원에 각종 연금과 세금이 포함되어 있지 않다. 이번 달에 500만 원을 벌었더라도, 국민연금, 건강보험을 따로 내야 한다. 더군다나, 직장인은 예전에만 해도 국민연금 9%, 건강보험 7% 중 절반을 회사가 내줬고, 따라서 본인은 절반에 해당하는 4.5%, 3.5%만 냈다. 그러나 자영업자는 모두 본인이 내야 한다.

물론 이런 부분은 제대로 된 회계 개념을 통해 재무제표를 만든다면 파악이 가능하다. 그러나 대부분의 자영업자는 자기 통장에 찍힌 현금만 본다. '어라, 이번 달 매출에서 지출을 제외한 순이익이 500만 원이네! 예전에 250만 원 받고 과장에게 까였던 것을 생각해보면 정말 때려치우길 잘했네, 잘했어'라고 생각하기 십상이다. 그러나 이는 오해다. 끝으로 가장 중요한 리스크는 예측 가능성의 하락이다. 직장인의 경우 이를테면 올해 월급이 250만 원이라 하더라도 정규직이라면 점진적 인상이 거의 보장되어 있다. 그러나 자영업자는 매월 통장에 500만 원이 쌓였다고 해서 내년에도 그러리라는 보장이 없다. 내년엔 내가게 앞에 더 세련된 카페나 PC방이 들어올 수도 있고, 코로나19 같은 전염병이 갑자기 창궐할 수도 있다. 자영업을 오래 한 사람들은 모두 알고 있다. 이를 흔히 '앞으로 벌고 뒤로 밑졌다'고 표현한다. 나는 이를 회계 용어로 현금주의상으로는 벌었지만, 발생주의상으로는 손해라고 이해한다.

그럼, 투자금이 없는 프리랜서 작가는 어떨까? 투자금이 없으니, 감가상각도 없고 기회비용도 없다. 그럼, 프리랜서 작가노동이 답일까? 물론 그렇지 않다. 투자금이 없는 작가노동은 손익분기점$_{BEP}$ 레버리지가 없어서 상방 경직성이 생긴다. 이게 무슨 소리일까? 앞으로 벌어도 뒤로 밑진다면서 왜 자영업자는 꾸준히 생길까? 물론 떠밀린 것도 있지만 그래도 부자가 될 수 있다는 꿈과 가능성이 있기 때문이다. 자영업자가 부자가 되는 이유는 투자금에 따른 손익분기점 레버리지가 발생하기 때문이다. 고정비용이 상쇄되는 손익분기점 이후의 매출은 자영업자 이익을 급격히 증가시킨다.

이를 쉽게 풀어보자. 자영업자가 물건 100개를 팔았을 때 100만 원을 번다고 하자. 그럼 200개를 팔면 200만 원을 벌까? 아니다. 만약 80개를 팔았을 때가 손익분기점이라면(이익이 0원이라면) 손익분기점 이후 추가 판매한 20개에서 100만 원의 순이익이 발생한 거다. 즉 20개에서 100만 원 순이익 발생했으니 200개를 팔면 600만 원의 순이익이 발생하게 된다. 매출이 두 배 늘 때, 순이익은 여섯 배 늘 수 있다. "자본주의여 기다려라! 내가 간다" 소리가 나온다.

그런데 왜 80개까지 팔았을 때는 손해가 났을까? 바로 투자에서 고정비용이 발생했기 때문이다. 투자로 인해 기회비용과 감가상각이 발생했지만, 고정비용이 있기에 손익분기점 초과 매출의 이익은 급격히 증대하는 손익분기점 초과 이익 증대 효과(BEP 레버리지)가 생기게 된다.

그런데 투자하지 않아 고정비용이 없는 프리랜서는 손익분기점 레버리지가 없다. 글 한 편을 쓰면 10만 원을 벌고, 열 편을 쓰면 100만 원을 번다. 강의 하나를 하면 10만 원을 벌고, 열 개를 하면 100만 원을 번다. 레버리지가 없다. 문제는 프리랜서도 직장인과 마찬가지로 하루가 24시간밖에 없다는 거다. 자영업자는 투자를 통해 매출 대비 순이익 비율을 조정할 수 있다. 그러나 프리랜서는 매출이 증가해도 손익분기점 레버리지가 발생하지 않는 데다 아니라 매출의 최대 규모에도 한계가 있다. 성공한 작가라면 지명도가 쌓이고 기고와 강연 요청이 끊이지 않는다. 그러나 기고와 강연에 직원을 쓸 수도 없고, 외주를 줄 수도 없다. 성공한 작가라고 해서 많은 돈을 버는 것은 아니다. 거절하는 기고와 강연 숫자가 더 늘어날 뿐이다.

단행본이 많이 팔리면 큰돈을 벌 수도 있다. 그러나 이는 로또를 맞고 부자가 되는 것만큼 어려운 일이다. 단행본 인세로만 먹고사는 작가는 정말 손에 꼽힌다. 과거 초판 부수는 보통 2000부였다. 그러나 요즘은 1000부를 찍는 곳도 많다. 1만 6000원 정가의 단행본 1000부가 완판돼도 10% 인세 수입은 160만 원에 불과하다. 사회과학 책의 경우 8%짜리 인세도 흔하다. 그런데 통계를 보면 출판 이후 26개월 동안 2000부를 판매하지 못한 도서가 약 90%다. 인기 작가도 1만 부를 넘기는 쉽지 않다. 1만 부가 팔린 책은 상위 1.5%에 불과하다. 1만 부가 팔려도 작가 수입은 1600만 원이다. 연봉으로는 턱없이 부족한 금액이다. 10만 부가 넘는 초 베스트셀러를 한 권 냈다 하더라도 그 책 인세만으로는 길어봐야 2년 정도 먹고살 수 있을 뿐이다. 2년마다 10만 부가 넘는 책을 꾸준히 낼 수 있는 작가는 극단적으로 드물다.

그래서 작가는 단행본이나 기고 글이 아니라 강의에

서 주된 수입을 얻는다. 어떤 때는 단행본이나 기고 글을 쓸 때, 강의를 위한 '팸플릿'을 쓰고 있다는 생각이 들기도 한다. 단행본을 내고 글을 기고해야 강의가 들어오기 때문이다. 기고 글로 먹고사는 것은 단행본 인세로 먹고사는 것보다 더 어렵다. 나는 신문 등 외부 매체에 거의 매주 기고 글을 넘기곤 했다. 보통 원고지 1매당 1만 원이 기본이다. 10년 전이나 지금이나 마찬가지다. 그래서 언론 칼럼 가격은 적으면 10만 원, 많아도 30만 원이 넘지 않는다. 게다가 외부 기고 글은 일주일에 한 편 이상 쓰는 것이 정말 어렵다. 그렇게 많이 외고가 들어오지도 않지만, 더 들어온다 해도 소재 한계상 불가능하다. 그럼 외부 기고 글로 벌 수 있는 돈은 한 달에 많아봐야 50만 원 내외다. 한 달 생활하기에는 턱없이 부족하다. 방송 출연도 마찬가지다. 라디오 전화 인터뷰는 3만 원에서 5만 원 사이다. 그리고 라디오 출연은 10만 원 내외, 영상 출연도 15만 원 내외다. 많이 주면 30만 원 정도 주기도 한다. 이는 단순 인터뷰가 아니라 리허설도 하는 등 나름 제작에도 참여하는 경우에 한한다. 고정 출연을 하더라도 마찬가지다. 고정 출연이란 아이템도 발굴하고(PD 역할), 시나리오도 쓰고(작가 역할) 출연해서 설명까지 한다(진행자 역할)는 것을 의미한다. 그럼에도 가격은 변동이 없다. 잘 모르는 시사 현안까지 억지로 이야기하지 않는다면, 한 달에 대여섯 번의 방송 출연으로 나오는 돈은 50만 원 내외다. 결국 작가가 먹고살 수 있는 주 수입원은 강의일 수밖에 없다.

그런데 물가는 오르지만, 강의 단가는 오르지 않는다. 지방정부 등 공공기관 강의료는 보통 '지방자치인재개발원 강사료' 기준을 준용하는 곳이 많다. 2025년 1급 강사 기준 강의료는 두 시간에 약 37만 원이다. 10년 전과 비슷한 가격이다. 10년 동안 물가는 올랐지만, 강사료는 오르지 않았다. 두 시간의 강의료 37만 원에 교통비나 가끔 원고료 등도 따로 나오면 나쁘지 않아 보일 수도 있다. 그러나 강의를 한 번 하려면 최소한 이틀은 든다. 강의안 준비에 하루, 강의에 하루다. 그래서 아무리 많더라도 한 달에 열 번 이상 강의하기는 어렵다. 이 정도면 먹고살 수는 있지만 부자가 될 수는 없다.

물론 부자가 되려고 작가를 꿈꾸는 사람은 거의 없다. 그냥 다른 직업이나 아르바이트 없이도 생활이 가능한 수입 정도가 목표다. 그러나 지속가능한 작가 생활을 위해서는 어느 정도의 버퍼 금액은 필수로 있어야 한다. 살다 보면 갑자기 목돈이 들어가는 일이 있다. 가족 중 누군가 아프다거나 예상치 못한 큰 지출이 생기기 마련이다. 차가 고장 나거나 집주인이 전세금 인상을 요구할 수도 있다.

작가노동의 가격은 왜 이렇게 쌀까? 시장 원리로 해석할 수 있다. 그 가격에도 글을 쓰고 강의를 하는 인력(공급)이 넘쳐나기 때문이다. 대학교수 등 안정적 직장이 있는 전문직 종사자가 글을 쓰고 강의를 하는 것은 생계라기보다는 사회참여 수단이다. 대가가 부족하더라도 공급자는 넘쳐난다. 그래서 월급을 받지 않는 전업작가는 고달플 수밖에 없다.

그럼 '전업작가는 꿈도 꾸지 말아라'가 결론일까? 아니다. 나는 올해로 월급 없이 지낸 지 햇수로 5년째다. 다행히 아직은 지속가능하다. 주변에 전업작가를 꿈꾸는 지망생이 나에게 가끔 묻는다. "직장을 그만두고 글과 강의로 먹고살 수 있을까요?" 내 대답은 한결같다. "글과 강의 등 가외 수입이 현재 직장에서 받는 돈의 절반 정도가 될 때까지는 직장을 다니는 게 좋아요." 직장을 다니면서도 글을 쓸 수 있다. 조급할 필요는 없다. 나에게는 '고양이 빌딩' 주인 다치바나 다카시의 20여 년 전 글이 오랜 위안이다. 기억은 온전치 않지만, 젊은 작가 지망생들이 자주 하는 질문이 있다고 한다. 어떻게 하면 다치바나 선생처럼 멋진 글을 쓸 수 있을지를 묻는다고 한다. 이에 다치바나 선생은 조급해하지 말라면서 '안 좋은 글이 사람들의 주목을 받고 잠시 뜰 수는 있다. 그러나 요즘 세상에 정말 좋은 글을 쓴다면, 반드시 가치를 평가받을 수 있다'는 취지의 답을 했다. 즉 내 글이 뜨지 못할까봐 걱정할 필요는 없다. 좋은 글을 쓸 수 있게끔 노력하는 것이 더 중요하다는 의미다. 정말 열심히 습작하고 노력해서 만약 좋은 글을 쓸 수만 있다면 그 글의 가치는 분명 제대로 평가받게 되어 있다. 직장을 그만두고 전업작가가 되는 것은 좋은 글을 쓴 이후여도 늦지 않다.

전업작가라 하더라도 골방에서 혼자 생각하고 혼자 작업하는 것은 위험할 때가 많다. 주변의 다양한 사람들과 교류하지 않으면 사람은 금방 괴상해진다. 작가는 스스로 '흑화 테스트'를 끊임없이 해야 오래갈 수 있다. 내가 생각하는 '흑화 테스트'는 주변에 존경할 만한 사람이 없고 내가 제일 똑똑한 것 같다는 생각이 들면 이미 절반 이상 흑화가 진행되었다고 봐야 한다. 전업작가는 사람과 만나기 싫어서 골방에서 일하는 사람이 아니라 더 많은 사람을 만나고 싶어서 열린 공간에서 일하는 사람이어야 한다. 작가 노조는 그런 의미에서도 필요하다. 다양한 작가들이 모여

서로 의견을 나누고 권리와 책임을 논의하는 조합으로서의 작가노조 설립을 지지한다.

직업이
시인이에요?

변윤제
2021년 《문학동네》를 통해 작품
발표를 시작했다. 시집 《저는 내년에도
사랑스러울 예정입니다》를 출간했다.
이외, 여러 쓰기 노동에 종사한다.

이상하고 신비로운

한국고용정보원의 조사에 따르면, 국내에서 평균 소득이
가장 적은 직업은 시인으로 연봉이 1000만 원이라고 한
다. 총 618개 직업 1만 8972명을 분석한 결과라고 하는
데, 대단히 구체적인 모욕이라 할 수 있다. 아무튼, 이 조
사의 특이점 하나는 스트레스가 가장 덜한 직업 1위도 시

인이 차지했다는 점이다. 총 5점 만점에서 1.63점의 저조한 스트레스 지수를 보여주는데, 심지어 직업 지속성 측면에서도 시인은 당당히 1위를 차지했다.* 정리하자면, 연봉 1000만 원으로 세상에서 제일 소득이 낮지만, 스트레스 지수 1.63점으로 세상에서 제일 스트레스가 없고, 자신의 직업 지속성에 대해서도 가장 우수하다 믿는 게 시인이다.

적어도 이 조사 결과에 따르면 그러한데, 도대체 이 시인이란 족속들은 뭘 하는 사람들일까. 사실 1000만 원으론 기본적인 의식주 해결이 가능할지부터 의심스럽다. 그런데 도대체 이 작자들은 이 돈을 받고 어떻게 이 직업을 평생 계속할 수 있다고 믿는 것일까. 이 이상하고 신비로운 자신감은 어디서 기인하는 것인가.

조사의 함정

하지만 이 조사에서 내가 눈여겨본 것은 다름 아닌 '1000

---

*   김한준·김진관, 〈누가 직업에 만족하는가: 2016 직업 만족도 분석〉, 격월간 《고용 이슈》 3월호, 한국고용정보원, 2017.

만 원'이라는 연봉이다. 아니, 시인이 1000만 원을 번다니?

살면서 나는 시로 1000만 원을 벌어본 적이 없다. 문화재단에서 받은 지원금의 경우도 세금을 제외하고 나니 1000이 되지 않았고, 등단 당시 받은 상금도 1000에 훨씬 미치지 않는 금액이다. 여타의 원고 계약과 인세를 다 생각해봐도 순수하게 시로 연봉 1000만 원을 벌어본 적이 없다. 그리고 아마 내 주변의 시인 대부분이 그러할 것이다.

나의 생활비는 시, 다른 장르의 글, 강의료, 지원금 등에서 충당된다. 그리고 시 장르에만 해당한 원고료, 인세를 계산한다면 연봉 1000을 기록한다는 것은 믿기지 않는 일이다. 이것을 왜 이렇게 강조하냐면, 단순히 나의 억하심정이나 억울함을 토로하자는 것이 아니라(그것도 조금은 있지만) 한국고용정보원의 조사 대상 자체에 이의를 제기하고자 하는 것이다.

대한민국에서 자신의 직업을 시인이라고 밝힐 수 있다는 것 자체가 사실 대단한 특권이다. 심지어 한국고용정보원의 조사군에 포함될 수 있다는 것 자체도 특권이다. 시를 쓰는 사람은 많지만, 등단 후 시인을 업으로 삼기는 대단히 어렵고, 시인으로 활동하며 연봉이란 걸 획득하는 것 자체가 더더군다나 어렵다. 그러니 나는 이 조사에 대해 이렇게 받아들인다.

이 조사에서 자신의 직업을 시인이라고 당당히 밝힌 그 사람들. 그들의 구체적 면면을 알 수 없으나, 적어도 그들은 자신이 평생 문단에서 시인으로 활동할 거라는 어느 정도의 배짱이 있을 것이다. 그러니 연봉 1000을 기재하더라도 떳떳할 수 있고, 스트레스가 덜할 수 있고, 미래에도 자신의 직업이 지속될 거라고 기대할 수 있는 것이다.

하지만 나는 궁금하다.

이 조사에 결코 포함될 수 없는, 자신의 직업을 무엇이라 적어야 할지 망설이는, 자신이 가진 수많은 N잡 속에서 결국 가장 소득이 많은 직업을 적게 되는, 하지만 평생 시를 포기한 적 없이 쓴 단 한 명, 무수히 많은 그 단 하나의 시인이.

직업이 시인이에요?

시인 노동에 대해 생각할 때, 그저 대단히 절망스럽다.

시인으로서의 노동권을 얘기하기 전에, 자신의 직업이 시인인가를 고민하는 사람이 곳곳에 넘치는 것이 바로 우리 시단의 현실이다. 그러니 우리가 시인의 노동권에 대해 논의하기 위해선 우선 그 부분을 인정하고 시작해야 할 것이다.

심지어 나조차도 직업이 무엇이냐는 물음에 '내 직업은 시인입니다'라고 답한 적은 거의 없는 것 같다. 아동·청소년소설, 시, 웹소설을 병행하고 있기 때문에 그냥 뭉뚱그려 '아, 작가입니다'라고 말해버리거나, '학교에 수업 나가요' 정도로 넘어가는 듯하다.

왜냐면 직업이 시인이라고 말하는 순간, 마치 동물원의 원숭이를 구경하는 듯한 시선이 쏟아지기 때문이다. 어떻게 시를 쓰냐, 시인은 어떻게 되냐. 간혹 무례한 사람은 어떻게 돈을 벌고, 어떻게 사는지를 물어보기도 한다. 그런 무례에 가만히 대응하다 보면 시가 아닌 노동을 너무나도 많이 말하게 되기 마련이다. 강의를 한다거나, 동화를 쓴다거나, 청소년소설도 냈다거나 하는 등의 얘기를 말이다.

'직업이 시인이에요?'

그러고 보니 한국고용정보원이 내게 그런 걸 물어본 적은 없는 것 같다. 나도 이제 등단 5년 차인데…… 시집도 내고…… 나름 네이버에 검색하면 이름도 뜨는데…… 아무튼 국가기관에서 조사를 실행할 때 작가라는 직업군에 더 정밀한 잣대를 설정해야 한단 얘기다. 아무튼. 아무튼.

그럼에도 불구하고

사람들은 때로 책 정가의 10%가 작가의 인세란 사실에 뜨악해한다. 말 그대로 경악하는 반응이다. 나도 처음 들었을 땐 그러긴 했다. 하지만 등단 후 여러 경로로 책 정가의 몇 프로는 어디에 가고, 몇 프로는 어디에 가고, 몇 프로는 작가에게 오고, 이런 사실을 접하게 되었다. 그러고 나니 10%가 수긍은 가게 되었다. 게다가 교보문고마저 적자라는데. 그 유명한 몇몇 출판사들도 매년 위기라는데. 독립서점의 운영은 어떻게 되고, 단군 이래 최대 불황이 지금이며, 너무 많은 이야기를 등단 후에 들었고.

그렇게 생각하다 보니 이번 글을 쓰는 것이 너무나 어렵게 느껴졌다.

작가는 노동자이기에 노동자로서 조합을 결성할 수 있다. 그러면 교섭 대상이 어떻게 되어야 하는가. 국가, 출판사, 혹은 출판협회, 아니면 문화재단? 작가가 교섭에서 요구해야 할 것은 무엇인가. 인세 비율 조정? 불합리한 계약 관행? 위계? 그래, 작가노조라면 응당 그런 걸 해야 마땅하겠다.

그런 생각을 하다가도 문득문득 절망에 빠졌다. 자신의 직업이 시인이 맞는지 그 자체를 의심하는 여러 동료를 생각하면서. 불합리한 계약서의 수정은커녕 계약서 자체도 보내지 않는 몇몇 청탁을 떠올리면서. 인세 비율 조정은커녕 심지어 등단비를 요구하는 일부 악독한 ×새끼들까지……

그런데도 나는 계속 시 노동에 대해 생각하려 한다. 언젠가는 이 모든 야만도 옛날 일이 될 거라 생각하며. 언젠가는 이 모든 미개함을 옛날 일로 만들겠다고 다짐하면서. 쓴다. 썼다.

그리고 작가노조에 이 글을 보낼 것이다.

작가노동,
근데 이제
집필노동은 아닌

박서련
소설가. 철원에서 태어났다.

얼마 전에 프로필 사진을 새로 찍었다. 사진을 넣지 않아도 되는 책이 아닌 이상은, 신간을 낼 때마다 새 사진을 넣으려 하는 편이다. 연예인도 아닌데 왜 그렇게까지? 그러게, 왜 내가 이렇게까지. 새 프사를 찍어주신 사진 작가님도 물었다.

"표정이나 포즈 지시를 잘 들어주시네요. 전에도 프로필 사진을 찍으신 적이 있나요?"

"아, 네. 1년에 한 번 정도는 새로 찍는 것 같아요."

"작가라는 직업이 원래 그렇게 프로필이 많이 필요해요?"

물론 그렇지 않다. (아마도.) 그렇지만 나는 이렇게 대답했다.

"제가 이제 서른일곱인데 20대 때 찍은 사진을 계속 그대로 쓸 순 없잖아요. 그런 거죠."

촬영이 끝나고 내가 받아본 보정본 이미지는 내 사진 같지 않았다. 자기비하도 그 반대도 아니다. 사진이 나보다 낫지도 내가 사진보다 낫지도 않고, 모르는 사람이 이 사진을 보고 날 만나면 내 얼굴을 알아볼 수 있을지 미심쩍다고나 할까, 그런 차원의 이야기. 바로 그 점이 몹시 난처했다. 프로필 사진을 찍는 주된 목적은 책 날개에 넣는 것이지만, 그렇게 찍은 사진은 한두 해 내내 강연 포스터나 기사 사진('작가 제공'이라고 표기되는 것) 등에 야무지게 쓰이게 된다. 그런데 다음 강연 요청에 이 사진을 제공해도 될까, 당장 이것부터가 헷갈리는 것.

오히려 좋을 수도 있지 않을까? 이런 농담으로 강연을 시작하는 거지. '여러분이 강연 홍보물에서 보셨을 그 사진은 그 유명한, 왜 얼마 전에 유명 코미디언의 프로필

촬영 에피소드로 TV 예능까지 나온, 바로 그 업체에서 찍은 건데요. 보시다시피 썸네일이랑 본품이 많이 다르죠. 그래도 내용물은 같습니다.'

"어때?"

나랑 같이 프로필을 찍으러 갔던 작가 친구에게 이 아이디어를 설명해보았다. 나만큼이나 본인과 닮지 않은 사진을 받은 친구는 점잖게 대답했다.

"돈 주고 찍은 사진이 마음처럼 안 나온 것도 속상한데, 자기 생김새로 농담까지 하며 분위기를 풀어야 할까?"

그 말을 듣자 내 생각이 부끄러워졌다. 내심 이번 사진은 못 쓰겠다 여긴 건 나도 마찬가지였는데, 시시껄렁한 농담으로나마 사진을 살려보려 한 건 그저 촬영에 들인 돈과 시간이 아까워서였으니까.

이럴 줄 알았으면 데뷔할 때 얼굴 공개하지 말걸. 아니지, 데뷔한 건 어차피 아무도 몰랐으니까 그다음 상 받을 때부터라도 신비주의 전략을 쓸걸. 스무 살 때 사진이고 서른 살 때 사진이고 애초부터 공개를 안 했으면 이제 와서 이렇게 애먹을 필요도 없는 건데.

이런 생각을 하기에는 너무 늦었다. 게다가 강연은 나의 주된 수입원 가운데 하나다. 순순히 얼굴을 공개한

덕에 살림살이가 조금 나아졌다는 뜻이다. 그렇지만 그 때문에 강연 포스터에 넣을 프로필을 주기적으로 교체해야 하고, 그러지 않으면 실물과 사진의 격차를 납득 가능한 범위로 줄일 수 없고, 그러지 못하면 굉장히 내향적인 성격에도 불구하고 앞에 서서 혼자 떠드는 일이 의외로 많은 내 직업을 견디기가 어렵고⋯⋯

나는 실로 강연을 많이 하는 편이다.

Q. 작가라는 직업이 원래 그런가요?

A. 물론 그렇지 않죠. (아마도.)

내가 가장 좋아하면서도 가장 까다롭게 여기는 거래처는 학교다. 일단 학교 강연에서는 강연장에 너무 일찍 도착한 관객으로 오인되는 경우가 절대로 없다는 점이 좋다. 학교 밖 강연장에서는 객석으로 자리 안내를 받는 일이 요즘까지도 종종 있다. '실은 제가 오늘 강연을 하러 온 사람인데요' 이렇게 말하고 피차가 민망해지는 일을 학교에서는 겪지 않아도 된다.

적으면 스무 명, 많으면 백 명 이상도 되는 시원시원한 관객 수도 학교 강연의 장점이다. 작가가 강연을 하는 이유에는 부정기적인 집필노동 수입을 벌충하기 위함도 있지만(하물며 강연료는 원고료나 인세와 달리 거의 행사 직후 입금된다), 직접 만난 관객들이 행사 후에도 지속적인 독자가 되어주길 바라는 마음도 있기 마련. 주로 독립서점 등을 통해 이루어지는 학교 밖 강연들과 비교하면 기본 보장 관객 규모가 다르니 잠재독자 수에서도 유의미한 차이를 기대하게 된다. 참고로 나는 강연 경력 초기에 단 한 명의 독자를 모시고 과외하듯 대화를 나눈 적도 있다. 상대가 한 명이든 백 명이든 내가 들이는, 들일 수 있는 정성은 같다고 할 때, 준비한 이야기를 더 많은 사람들에게 나눠주고 싶은 건 당연한 일이지.

첫 책이 실존 인물을 주인공 삼은 역사소설이어서인지, 감사하게도 내게는 학교 강연에 초청받는 기회가 많았다. 한 학기 한 권 읽기 프로그램 운영 등 교육 현장에서의 독서 권장 열기가 뜨거웠던 덕택을 보기도 했다. 이래저래 많은 은혜를 입었지만 학교 강연에 장점만 있다는 거짓말은 못하겠다.

성인보다 집중 가능 시간이 짧은 청소년 관객들은 산만해지기가 쉽고 때로는 졸기도 한다. (끝나고 사인받으러 와서도 미안해하는 기색이 없다!) 동료 작가를 진행자로 동반하여 신간 이야기를 하는 게 보통인 책방 북토크와 달리, 내가 쓴 책 거의 전부에 대한 이야기에 희망 진로로서의 소설가라는 직업에 대한 정보까지 얹어줘야 한다는 점도 부담이다. (주어지는 시간은 책방 북토크와 거의 비슷하다!) 강연을 꾸리는 선생님들은 교원이지 행사 기획 전문가가 아니라는 점에서도 크고 작은 곤란이 발생한다. 작년 어느 강연에서는 준비한 이야기를 마치고 질문을 받겠다고 하자 한 남자 청소년이 느른하게 손을 들더니 이렇게 물었다. "여성의 군 복무에 대해 어떻게 생각하세요?"

강연이 끝날 때 학교 선생님들은 나를 교문 쪽으로 배웅해주며 말한다. "아이들이 작가를 보는 게 처음이라……" 그 말 뒤에는 감사하다는 말이 붙기도 하고 죄송하다는 말이 붙기도 한다. 감사하다는 말을 들으면 그날 분위기가 좋았다는 뜻이고……

그런데 내게는 의외로 감사든 사과든 그 앞의 말이 더 중요하게 들린다. 내가 그날 만난 사람들은 작가라는 생물을 생전 처음 본다는 말. 늘 그렇다. 왜냐하면 바로 내가 내 고향으로 찾아오는 작가를 한 번도 본 적 없는 청소년이었기 때문이다.

나는 학교 강연 요청을 거의 사양하지 않는다. 학교 강연의 가장 어려운 점은 강연 자체보다 왕래하는 수고에 있는데, 멀면 멀수록 기를 쓰고 간다. 내가 안 가면 거기사는 아이들은 성인이 될 때까지, 어쩌면 그 이후에도 평생 작가라는 족속이 동시대를 살아가고 있다는 사실을 믿지 못할지도 모른다고 생각해서다. 평균적인 한국인의 생애주기에서 문학작품을 가장 많이 읽는 때는 청소년기다. 그 시기에 살아 있는 작가의 작품을 읽고 작가를 만나본 사람과 그러지 못한 사람 중, 독서에 흥미를 느낄 가능성이 높은 쪽은 누구일까?

모르지, 또. 나는 내 직업 수행에 지나치게 많은 원칙을 가지고 있고(프로필 사진을 적어도 1년에 한 번은 찍는 것만 봐도 그렇다) 그중 비수도권 학교 강연을 거절하지 않는다는 점에는 과대할 만큼 거룩한 소명의식을 느끼는 편이다. 내 강연을 들은 청소년들이 무조건 독서에 호의적인 성인이 되리라 믿지만은 않는다. 어쩌면 자기가 만나본 유일한 작가가 너무 재수 없거나 엄청 이상한 사람이었다고 기억하는 청소년이 있을지도 모른다…… 내 상상보다 많을 수도. 그래서 그 청소년이 독서를 멀리하는 성인으로 자라난다 한들 그게 내 책임이라 생각하진 못할 것 같다. 잘되면 내 덕, 안 되면 내 탓 아님. 말할 나위도 없이 유치하고 속 좁은 사고방식이지만 이런 식으로 생각하지 않으면 아무도 알아주지 않는 이 노력을 지속하기 어려울 것 같아서다.

나는 어떤 직업의 멋이 그 직업을 갖고 싶어 하는 사람의 머릿수에 달려 있다고 생각한다. '그것'이 되고 싶은 사람이 많다는 말은 '그것'이 유망하다는 뜻, '그것'이 유망하다는 건 꿈꾸고 노력할 가치가 있다는 뜻. 백 명의 학생들 앞에서 강연을 하다가 작가를 꿈꾸는 사람 손 들어보라고 하면 두세 명 정도가 손을 든다. 나는 나머지 다른 아이들의 꿈이 궁금하다. 대통령? 과학자? 공무원? 틱톡커? 나는 내가 지금 내 꿈을 살고 있다고 설명하려 애쓴다. 청소년 장래 희망 직군 1위가 작가가 되었으면 좋겠다고 생각하면서. 물론 이 직업의 절망적인 부분에 대해서는 가급적 언급하지 않는다. 이 글을 쓰는 동안 취한 태도가 그랬듯.

　　그나저나 나는 이 원고를 쓰는 동안에도 강연 요청을 하나 수락했는데, 최근 찍은 프로필 사진을 쓸지 말지를 여전히 정하지 못했다. 연예인이 아니라 작가인 내가 왜 얼굴 사진 따위로 고민을 해야 하는가에 대한 메타 고민이 다시 시작되고…… 이렇듯 안 해도 무방한 별별 고민을 다 하고야 마는 것이 내가 생각하는 작가노동의 요체가 아닌가, 방황 끝에 주워 든 궤변을 꽤 괜찮은 결론인 양 내밀어보는 것이다.

현실과
작품의
외줄 타기

김소희
많은 어린이책에 일러스트 작업을
했다. 《반달》, 《자리》, 《먼지 행성》 등의
만화책을 만들었고 카카오페이지에
《낮달》을, 월간지 《개똥이네 놀이터》
에 〈내 친구 치치〉를 연재했다. 지금도
일러스트를 그리고 만화 스토리를 쓰고
그리고 있다. 거북목이 되어 파스를
달고 산다.

만화책 단행본 두 권을 내고 난 후, 10년 넘게 만화를 만들지 않고 일러스트 작업만 했다. 다시 만화를 만들고 싶다는 생각이 든 것은 '웹툰'이라는 장르가 생겼기 때문이었다. 당시 새로 생긴 웹툰은 스크롤을 따라 무한정 아래로 떨어지며 흡사 영화같이 역동적인 연출을 펼칠 수 있었다. 서너 달 작업을 해서 3회 분량의 원고를 만들었고, 크고 작은 웹툰 사이트에 원고를 보냈다. 두 군데에서 전화가 왔는데, 기본 고료는 없다고 했다. 대신 히팅 수와 그에 따르는 광고 수익이 생길 수 있다고 했다. 매달 생활비가 필요한 상황에서 기본 고료 없이 실험에 뛰어들기엔 부담스러웠다. 고민하던 중에 마침 일러스트 책 작업이 들어와서 일단 웹툰 작업을 중단했다. 작품보다 생계가 또 앞섰다.

막상 불안정할지라도 그 기회를 잡아야 하지 않았을까? 하고 싶은 이야기를 만들 기회가 왔는데, 뒤로 미뤘다. 그런 결정을 하다 보니 내가 정말 원하는 게 무엇이었는지조차 희미해지는 느낌이었다. 경제적 불안과 정신적 불안의 직조패턴 같은 반복. 창작자 대부분이 느끼는 생활이라는 걸 알게 되었다.

오래전 얘기지만, 첫 만화책 《고양이와 새》는 6권 완결로 계약했던 작품이었다. 국내 만화시장이 어려워지면서 출판사는 국내 단행본 파트를 정리했다. 1권이 나오고 2권 작업을 반 이상 진행했을 때 통보를 받았다. 지금 작업을 중지하고 1권으로 마무리할지, 6권으로 할 내용을 급히 정리해서 2권으로 '완결'할지 선택하라고 했다. 작품을 1권으로 허공에 뜨게 만들지 않으려고 허둥지둥 어떻게든 내용을 정리해 완결했지만, 그때의 충격은 다시 만화를 그릴 자신이 없게 만들었다. 여러 경험을 통해 성장하길 바랐던 주인공은 촘촘한 과정 없이 단박에 어떤 지점에 서게 되었고, 그 직후에 이야기는 바로 끝나고 말았다. 2권으로 완결을 지었지만, 안타깝고 찜찜한 마음은 꽤 오래 지속됐다.

그런 경험을 하고 웹툰 시장에서 우왕좌왕하려니 아슬아슬 외줄 타기를 하는 기분이었다. 결국 새 작품은 웹툰이 아닌 그래픽노블로 출간되었다. 출판계에서 그림 작업을 오래 하다 보니 동료 편집자가 생겼고, 그의 제안에 따라 출판 계약을 하게 되었다. 작업 과정에서 피드백을 받는 것도 수월했다. 중심 스토리라인은 같았지만 세로 스크롤로 기획했던 연출을 페이지 넘김의 구조로 바꾸고 작화 스타일을 삽화 스타일로 손보기도 했다. 써놓았던 스토리가 훼손되지 않고 전달될 수 있는 범위에서 옷을 바꿔 입은 것이다.

그렇게 책이 세상에 나온 뒤에는 출간의 기쁨이 컸지만 작가로서의 부끄러움도 몰려들었다. 기쁨과 부끄러움이 범벅된 도로의 교차로에서 안 팔리는 작품과 적은 인세 수입이 만나 내 생계 주머니를 탈탈 털었다. 얼마 지나지 않아 그 도로는 폐쇄될 지경이었다.

초판이 다 팔리고 다음 인세를 받게 되기까지 얼마나

걸릴지 알 수 없는 상황에서 다시 계약금 100만 원을 받았다(이 돈은 물론 나중에 받을 인세에서 제외된다). 1년에 평균 한 작품을 발표하려면 나머지 생활비는 다른 작업을 하며 충당해야 했다. 작품 수를 늘리면 어떨까 생각해봐도 한 번에 두 작품 이상을 하는 건 무리였다. 결국 일러스트 일을 받아 생활비를 벌고 나머지 시간을 아껴 만화 작업을 해야 했다. 하지만 생활은 달라질 기미가 없었다.

이렇게 바삐 생활하다 보니 웹툰을 하고 싶다는 욕심도 많이 사라졌다. 그런데 정작 그때 웹툰 기획물 연재 의뢰가 들어왔다. 많은 작가들과 함께하는 프로젝트라서 안심이 됐다. 중간에 무산될 확률이 없어 보였기 때문이다. 유명 플랫폼에서 연재가 시작되었다. 연재 기간은 1년남짓이었다. 그 기간 동안 저녁이면 매일 손이 덜덜 떨렸다. 밥도 책상에서 재빨리 먹었다. 미련하게 혼자 모든 작업을 했기 때문이다. 한 명의 어시스트라도 쓰고 싶긴 했다. 하지만 1년이면 끝나는 연재 기간과 사람을 쓰기에는 애매한 고료, 장기 프로젝트에서 돈을 모아놓아야 다음 작품을 준비할 수 있는 시간을 벌 수 있을 거라는 계획이 무리하게 혼자 작품을 진행하게 만들었다. 어시스트와 함께하는 작업도 경험이 많아야 할 수 있다는 생각도 들었다. 더

군다나 웹툰 제작 전문 프로그램 대신 포토샵 하나만으로 작업을 해서 시간은 더욱 모자랐다. 닥치는 대로 무식하게 안 자고 안 쉬면서 작업을 할 수 밖에 없었다. 이렇게 몸 하나를 닦달하며 겨우 연재를 마쳤다. 하루 평균 15시간 이상 일을 했던 날들이었다.

연재가 끝나자 자궁 근종, 이석증, 공황장애가 생겼다. 경험과 돈을 모아 다음 작품을 바로 준비하겠다는 야심도 사라졌다. 주간 마감 연재 시스템이 나를 이렇게 만들어놨다고 생각했지만, 당시 내 몸은 건강하지 않았다. 그전에도 매일 시간에 쫓기며 작업을 했고 운동은 하지 않았으며, 좋은 음식을 찾아 먹지도 않았다. 스스로 생계를 책임지기 위해 오롯이 감당해야 하는 노동이라고 생각했을 뿐이었다.

나는 다시 웹툰 작가를 할 수 있을까? 웹툰 작가가 인기 직업 중 하나라는데, 그건 작가가 인기가 있어야 성립되는 것 아닐까? 인기와 거리가 먼 나는 그만둬야 할까? 만들고 싶고, 하고 싶은 이야기가 있는데…… 이제 이런 질문을 하기에도 너무 멀리 와버린 것 같다.

웹툰은 연재가 끝나고 다시 새 작품이 플랫폼에 오르기까지 시간이 얼마나 걸릴지 알 수 없다. 그래서 연재와 연재 사이 시간이 길어질수록 두려움과 우울감에 떨게 된다. 웹툰을 계속하면 내가 만들고 싶은 이야기를 그릴 수 있으니, 이를 위해서라면 얼마든지 다른 일을 하며 생계를 유지할 수 있을 것 같았다. 그렇지만 생계를 위해 다른 노동에 뛰어드는 일을 다시 반복하고 싶지 않았다. 몇몇 지원사업에서 도움을 받을 때도 있지만 기간 내에 완료해야 하는 압박감과 경쟁률을 생각하면 절대 거기에 기대기만 해서는 안 된다. 방도나 출구를 마련해놓아야 작업을 마칠 수 있다. 아무튼 이런 여러 이유로 나는 다시 출판만화로 돌아왔다.

웹툰과 출판만화는 사실 다른 장르이기 때문에 나의 과정이 보편적인 사례가 아니라는 걸 말해두고 싶다. 두 장르를 오가며 작업해왔지만 정작 특별한 히트작 하나 없다는 사실이 장점인지 단점인지 헷갈릴 때가 있다는 것도. 다시 반복해서 말하지만 그나마 몇 작품을 낼 수 있었던 건 생계를 위해 다른 무수한 많은 작업을 했기에 가능했다는 것도 말이다. 그러다 보니 그 '다른 작업'들이 소중한 또 다른 직업이 되어주었다.

꽤 오랜 시간 동안 이런 시행착오를 거쳤다. 이런 경험들을 자세히 나누거나 상담할 만한 곳이 없었다. 믿는

선배에게 조언을 구하곤 했지만 결국에는 출판사의 사정에 따르게 되거나, 상황과 현실에 맞춰 일해왔다. 그 방법이 나쁘기만 한 것은 아니었지만 지금은 세계가 조금씩 달라지길 바라게 되었다. 우리의 창작 세계도 '다시 만난 세계'가 되길 원하게 되었다. 그러면 나도, 어딘가에 있는 다른 작가도, 덜 아프지 않을까. 혼자 무리하며 태풍 속을 걷는 것보다 같이 들고 걸을 만한 우산을 만들면 어떨까. 우리는 각자 소중한 노동으로 자신의 생활을 지켜내고 있다. 이제는 고민을 혼자 끌어안기보다 함께 나누면 어떨까. 그리고 같이 해결할 수 있는 건 같이하면 어떨까. 서로가 서로에게 이것저것 물어보면 어떨까.

아주 오래전, 여섯 권의 시리즈를 두 권으로 마무리하라는 통보를 받았을 때, 출판사에 찾아가 사정하고 옥상에 올라가 눈물 콧물 다 닦았을 때, 내 곁에 누가 있었다면 어땠을까. 혹시 예전의 나처럼 지금 어딘가에 그런 작가가 있는데, 그가 작가노조의 존재를 알게 된다면 어떨까.

평론만으로
밥을 먹는 세상을
만들기 위해서

성상민
문화평론가. 2006년《만화언론 만》의 객원 필진으로
데뷔했고, 2013년에는 한국독립애니메이션협회의
애니메이션 리뷰·비평 공모전에서 최우수상을
받았다.《미디어오늘》,《한국일보》등에서 만화 등
문화 전반에 대한 비평 칼럼을 연재하였으며, 단독
저서로는《지금, 독립만화》, 공저로는《R.I.P. Flash》,
《웹툰 내비게이션》이 있다. 서울과학기술대에서
디지털문화정책 전공으로 석사과정을 수료하고, 현재
논문을 준비하고 있다.

평론가들끼리 대화를 나누다 보면 이따금 자조적인 이야
기를 꺼내게 된다. 다들 자신을 소개할 때는 평론가라고
하지만 실은 평론보다는 강사나 다른 일로 먹고살고 있지
않냐는 이야기가 심심치 않게 나오는 것이다. 한국에서 전
업 평론가로 먹고사는 사람은 영화평론가 이동진밖에 없
을 것이라는 우스갯소리도 가끔 섞어가면서 말이다. 그러
면 누군가가 옆에서 이런 말을 덧붙이곤 한다. 그 이동진

도 평론보다는 방송에 출연하거나 강연으로 버는 돈이 훨씬 많을 것이라고.

한국에서 '평론가'라는 직업이 본격적으로 생겨난 이래로 순수하게 평론 활동으로 생계를 유지해온 사람은 과연 얼마나 될까. 당장 아무 평론집이나 평론 원고를 찾아서 작가의 약력을 확인해보라. 십중팔구 어떤 대학교에서 강사로 활동하고 있다는 이력이 붙어 있을 것이다. 강사 이력이 붙어 있지 않더라도 그 평론을 쓴 사람이 순수하게 평론만으로 생계를 유지한다고 보기 어렵다. 그저 대놓고 약력에 쓰지 않을 뿐, 평론 이외에 생계를 위한 다른 부업을 가지고 있을 가능성이 적지 않다. 이 글을 쓰는 나도 마찬가지다. 주변에서 평론가로 활동하고 있는 사람 중에 원고료나 인세 수익만으로 먹고살 수 있는 사람은 거의, 아니 아예 없는 상황이다. 업계에서 이름만 들어도 알 만한 사람들조차 별반 다르지 않다. 대다수의 평론가들이 대학교에서 교강사로 활동하거나, 다른 생계수단에 의존하고 있다.

누군가는 출판업계의 전반적인 상황이 좋지 않으니 어쩔 수 없지 않느냐고 생각할지도 모르겠다. 하지만 그렇게 단순히 말하기는 쉽지 않다. 시장 크기로만 따지면 문단 문학이나 미술보다 산업 규모가 훨씬 큰 영화나 만화, 음악, 게임 등의 분야에 오히려 평론을 게재할 수 있는 매체가 드물기 때문이다. 평론집을 출간할 기회도 당연히 훨씬 적다. 말하자면, 산업의 규모가 크다고 해서 해당 산업 내부에 평론에 대한 관심사가 형성되는 건 아니다. 산업이 한창 왕성하게 성장할 때도 글을 쓸 기회는 그리 많이 주어지지 않았다. 이는 시장 상황이 어려울 때도 마찬가지였다. 그 핑계로 그나마 있던 매체나 출간 기회도 빠르게 줄어들었으니까. 원가가 오른다는 이유로 밥값이 확 올랐는데, 정작 원가가 낮아져도 밥값이 이전처럼 돌아오지 않는 경우와 같달까. 오른 밥값과 달리, 평론가들의 기회는 오히려 계속 줄어든다는 것이 차이라면 차이겠다.

평론가들이 글을 쓸 수 있는 지면도, 평론집을 낼 기회도 계속 줄고 있지만, 매년 무수한 공모전과 신춘문예를 통해 신인 평론가는 꾸준히 배출된다. 상대적으로 평론을 쓸 수 있는 매체가 많은 편에 속하는 문학평론이나 미술평론뿐만 아니라 영화나 만화, 게임처럼 평론을 정기적으로 게재할 수 있는 매체가 매우 적은 영역에서도 매년 적어도 2~3명의 신인 평론가가 공모전을 통해 새롭게 데뷔하고 있다. 공모전을 주최하는 매체나 각종 기관에서는 자신들이 연 행사로 '평론가'라는 타이틀을 가지게 될 사람들에 대해 일말의 책임의식이라도 가지고 있는 것일까. 물론 어떤 매체들은 평론 공모전으로 당선된 사람들에게 일정 기간 매체에 글을 쓸 기회를 주기도 한다. 하지만 이는 정말 일시적인 특전에 불과할 따름이다. 게다가 그만큼 평론의 지면이 늘어나는 것은 아니기에, 오히려 기존에 글을 쓰던 평론가들이 피해를 보기도 한다.

오랜 시간 수요 없는 공급이 계속 늘어나고 있기 때문일까. 평론가 역시 다른 작가들 못지않게 각자도생의 논리 속에서 살아가고 있다는 느낌을 이따금 받는다. 평론가라는 호칭만으로 원고 청탁을 받는 것이 쉽지 않을뿐더러, 그렇다고 새롭게 데뷔한 평론가를 위한 마땅한 지원책이나 프로그램이 있는 것도 아니다. 대학교에서 교수·강사로 먹고살 궁리를 하지 않는 이상, 상당수의 평론가들은 어떤 식으로든 자신의 능력을 드러내기 위해 꾸준히 포트폴리오를 쌓고, 다시 이를 바탕으로 새로운 일감을 찾아나서는 식의 행보를 이어나갈 수밖에 없다. 어떤 식으로든 다른 평론가에게서는 찾아볼 수 없는 자신만의 강점을 갈고닦을 것을 요구받게 된다. 그러다 보니 평론에서는 자본주의의 폐해와 무한 경쟁사회의 피폐함을 말하면서도 정작 그 글을 쓰는 평론가 본인이 누구보다 경쟁의식에 찌들어 있는 웃지 못할 경우도 종종 있다.

설사 그렇지 않은 평론가라고 해도 각자도생의 논리에서 완전히 자유로울 수는 없다. 평론가로서 먹고살기 위해 활동을 계속해나가다 보면 좋든 싫든 이 문제와 씨름할 수밖에 없다. 평론에서 고질적인 문제로 언급되는 '주례사 비평'부터가 그렇다. 왜 여러 비난을 감수하고서 비평하는 대상을 지나치게 띄우는 글을 쓰는 평론가들이 매년 잊을 만하면 등장하는 것일까. 결론부터 말하자면 결국 돈이 문제다. 원고료가 지급되는 평론을 쓸 기회가 극히 적은 상황에서, 원고 청탁은 거부하기 어려운 제안이기 때문이다.

매체나 출판사에서 직접적으로 주례사 비평을 요구하지 않았더라도, 마음이 가는 대로 평론을 쓴다는 것 자체가 여간 어려운 일이 아니다. 자신이 신랄하게 비판한 작품을 만든 작가나 출판사가 언젠가는 자신에게 원고 청탁을 의뢰하는 이가 될 수도 있다. 그저 무턱대고 강한 어조로 평론을 작성했다가는 도리어 지나치게 폭력적이고 무례하다는 비난을 살 수도 있다. 그런 여론이 퍼지게 되면 가뜩이나 없는 기회가 더 줄어들 수도 있다. 어떻게든 평론가로서 살아남고 싶은 사람이라면 자신이 공개적으로 발표할 평론의 내용이 어떠한 파장을 일으킬지 신경 쓰지 않을 수 없다. 그런 불안감 속에서 평론가들은 기껏 날카롭게 벼려놓은 펜의 끝을 스스로 무디게 만들고 만다. 언젠가 좀 더 경력을 쌓게 되면 지금보다는 더 강한 어조로 글을 쓰겠다고 다짐하면서. 그러나 평론가로서 경력을 쌓아나간다고 해서 불안이 줄어드는 것은 아니다. '복수'의 순간은 어쩌면 영영 찾아오지 않을 수도 있다.

　　물론 평론가들이 이런 상황을 가만히 지켜보기만 하는 것은 아니다. 기존의 매체나 출판사에 더 이상 비평 지면을 기대할 수 없게 된 몇몇 평론가들이 독립출판이나 대안적인 인터넷 미디어를 시도하며 스스로 평론의 장을 만들기도 했다. 어떤 순간에는 독립 매체를 통해 발표되는 비평의 양이 전통적인 레거시 미디어를 통해 발표되는 비평보다 더 많게 느껴지기도 한다. 그렇지만 이 시도들이 마냥 순탄하게 풀리는 것은 아니다. 머릿수 자체가 풍족하지 못한 상황에서 여럿이 모인다고 한들 상황이 크게 호전되는 것은 아니니 말이다. 독립출판을 시도한 다수의 평론 매체가 얼마 지나지 않아 발행을 중단하는 일도 비일비재하다. 살아남은 매체들은 소위 '스타 평론가'로 분류할 수 있는 사람이 참여하고 있거나, 비평의 강도를 스스로 낮춰

타협을 시도한 경우가 대다수이다. 독립 매체를 만드는 시도 자체는 유의미하지만, 근본적인 구조가 변하지 않는다면 같은 문제가 반복될 것이다.

평론가들이 처한 현실을 바꾸는 길은 결국 평론가들을 점차 잉여적 존재로 만드는 구조에 대한 통렬한 비판과 이를 통한 실천에 있지 않을까. 말로만 평론이 가지는 중요성을 강조하고, 매년 수많은 이들에게 '평론가'의 타이틀을 부여하고서 정작 제대로 된 기회는 주지 않는 출판사에 적극적으로 문제를 제기하자. 알게 모르게 평론의 수위를 낮출 것을 요구하는 매체에 반기를 들자. 평론의 중요성을 도외시하며, 이렇다 할 정책을 제시하지 않는 문화체육관광부나 한국출판문화산업진흥원에 당당히 지원책을 요구하자. 물론 한 명의 개인이 말하기에는 결코 쉽지 않다. 그러나 함께 목소리를 낸다면 이 두려움을 이겨낼 수 있을 것이다. 평론을 발표할 기회를 찾지 못한 이들이 힘을 모아 독립적인 평론 매체를 만들었던 것처럼, 이제는 평론가의 권리를 위해 힘을 모을 차례다. 언젠가는 평론가가 다른 부업을 하지 않고 평론만을 쓰며 먹고살 수 있는 세상이 오면 좋겠다.

글쓰기라는
노동,
생존이라는
창작

도우리

일상문화 비평가.《한겨레21》에 연재한 칼럼을 엮은《우리는 중독을 사랑해》를 출간했고, 2023년 교보문고 세계 책의 날 16인의 작가에 선정됐다. 현재 문화인류학 대학원에서 섹슈얼리티 분야를 중심으로 연구 중이다.

왜 어떤 일은 노동으로 충분히 인정받고, 어떤 일은 노동으로 너무 인정받고, 어떤 일은 노동으로 전혀 인정받지 **못**하는가? 항상 잘 이해할 수 없었던 질문이다. 작가의 작업 역시 마찬가지다.

사실 작가노조에 가입했을 때부터, 이 글을 쓰는 지금까지, 내 글쓰기 작업이 **충분히 노동**임을 스스로 설득하는 데 계속해서 실패하곤 한다. 내 작은 책상에 앉아 책들과 노트북을 펴고 기약 없이 (물론 딴짓을 해가며) 생각과 언어를 굴리는 작업이, 육중한 기계들이 들어찬 공장에서 노동자들이 손과 발을 놀려 만들어낸 시간당 산출물에 따라 임금이 정해지던 시절에 뿌리박은 '노동', 매일 삼시세끼를 요구하는 혀와 배를 채워줄 일용할 양식을 만들고 제공하는 '노동', 누군가의 고통과 안위를 보살피거나 치료해주는 '노동'에 비해 얼마나 '가치' 있는가? 혹은, 도시가 폐기물로 가득 차지 않도록 필수적이고도 고된 분해 작업을 수행하면서도 터무니없이 낮은 보수를 받는 폐지 수거 노인들의 '노동'에 비해 얼마나 '가치' 있는가? 노동이라는 개념을 안다고 해서, 그것이 내 문제라고 해서, 언어화에 능한 작가라고 해서 그것을 곧바로 삶에 적용할 수 있는 건 아님을 다시금 깨닫는다.

그럼에도 '작가'와 '노동'의 조합에서 무언가 꿈틀거린다는 직감이 들었다.

작가적 성장의 계기로서 적은 원고료

작가노조에 가입한 나의 욕구는 무엇이었나? 우선 거의

20년째 동결인 원고료를 더 올려 받고 싶었다. 하지만 동시에 원고료 인상 이슈가 내 안에 매끄럽게 붙지 않았다. 적은 원고료는 작가로서의 나를 소진되게 하면서도 동시에 성장시킨 시스템이기도 했기 때문이다.

　원고료가 적어서 전업작가가 될 수 없다는 건, 다른 업들로 벌충하며 살아야 한다는 뜻이기도 하다. 프랜차이즈 카페나 개인 사업자가 운영하는 카페에서 아르바이트를 하거나 대학교 행정 직원, 학원 강사와 과외 선생, 서울시 위탁 공공기관 계약직, 데이터 라벨링 프리랜서 등. 이 업들을 통해 나는 각 업무 분야가 어떻게 돌아가는지, 내부의 구성원들은 어떤 표정으로 일의 기쁨과 슬픔을 느끼는지, 진상 고객과 그 유형별 대응법은 무엇인지, 노동법에 위배되지 않는 미묘한 착취들은 어떻게 발생하는지 몸으로 겪었다. 이 경험들은 (불합리를 버티게 하는 사회적 현실을 주시하게 만들어주면서도) 종종 글의 소재가 되었고, 취약한 위치에서 세상을 바라보는 관점을 구성해주었다. 무엇보다 '골방'에 틀어박히지 않고 내 글의 독자이자 지평이 되어줄 사람들과 사회를 친밀하게든 부정적으로든 마주할 수 있었다.

　적은 원고료는 또한 글쓰기 강사라는 자리를 부여했

다. 출간 이후 나는 여러 사설 교육기관에서 글쓰기 강사로 섭외되었는데,[*] 이는 내가 작가를 지망할 때부터 예상한 나의 경제적 기반이기도 했다. 하지만 사람에게서 기운을 얻으면서도 쉽게 '기가 빨리는' 성향으로서, 매번 사람들의 글을 봐주고 피드백하는 업무가 그리 달갑지 않았기에 생계수단 이상의 큰 의미는 기대하지 않았다.

하지만 글쓰기 수업에는 소비자-공급자의 관계를 초과하는 무언가가 있다. 나는 수강생 입장일 때부터 그 지점을 느낄 수 있었다. 함께 책을 읽고 토론하고, 글의 주제를 모색하고, 각자 체화한 삶의 관점을 글로 재구성하고, 그것에 개입함으로써 피드백을 주고받는 일은 (피로감을 동반했음에도 불구하고) 깊은 대화이자 또 다른 방식의 관계 맺기였다. 이것을 아는 데까지는 그리 오랜 시간이 걸리지 않았다. 특히 '인풋-아웃풋'이라는 협소한 생산주의적 정

---

[*] 　내 글쓰기 강의 자리는 비교적 안정적인 기회였지만, 일부 작가들은 강의조차 공식적으로 열지 못하고 개인 창구(숨고, 트위터, 블로그 등)를 통해 수강생을 모으는 등 더욱 불안정한 환경에 놓여 있다. 나 역시도 출간 이전에는 글쓰기 강의를 공식적으로 여는 데 여러 어려움을 겪었고, 앞으로도 그런 일이 없으리라 확신할 수 없다.

의에 기대 집필을 이해할 때는 몰랐던 앎의 지평이 열렸다. '인풋-아웃풋'의 쓰기 프레임에서는 '최고'의 글—고전, ISBN이 부여된 저작물, 전문가의 글, 등단 작가의 글, 레거시 미디어에 언급되거나 기고된 글—만 읽기에도 바빴다. 하지만 글쓰기 강사로서 참여자들의 '습작'을 몇 번이고 읽고 그의 구체적인 얼굴을 마주하기 위해 행간을 궁리하는 과정을 거치면서 프레임 너머에 있는 바깥이 보이기 시작했다. 글쓰기에 대한 두려움과 기쁨으로 연결되며 글과 책을 향한 사랑을 서로 지키고 키워갔으며, 존중과 응원 역시 흠뻑 나눌 수 있었다. 역시나 글로만 벌어먹고 살았다면 몰랐을 일과 성장이다.

말하자면 적은 원고료는 세상과 관계 맺도록 나를 등떠밀었고, 그 덕분에 나는 지면의 활자가 세계의 전부인 '먹물'이 되지 않을 수 있었다. 하지만 다시 강조하건대 이것이 반드시 긍정적인 '견인'이었다고 말하기는 어렵다. 단지 불안정한 생계를 유지하기 위한 다양한 경로가 새로운 시야를 열어주었을 뿐이다. 그렇다면 작가로서 글을 쓰며 살아가는 일이란 대체 무엇일까? 원고료만으로 생활할 수 없기에 다양한 불안정 아르바이트와 계약직을 전전하고, 글쓰기 강의를 하고, 프리랜서로 외주를 받아 다른 기획 일을 하기도 한다. 그렇다면 나는 작가인가, 아르바이트생인가, 학생인가, 강사인가, 아니면 그냥 '글과 관련된 다양한 일'을 하는 사람인가? 물론 많은 작가들이 이런 방식으로 일하지만, 이런 다층성이 오히려 작가라는 정체성을 더욱 모호하게 한다. 다양한 역할과 생계수단을 동시에 수행하는 유동성 자체가 문제는 아니지만, 불안정한 처우와 지속 불가능한 구조는 소진을 강제한다. 이렇듯 지면의 활자는 내 생존을 위협해왔다.

낮은 경제적 처우, 그리고 높은 문화자본

나를 포함해 작가가 되고자 하는 이들 중에 대단한 부를 축적하려는 이는 없을 것이다. 오히려 경제적 풍요로움에 비판의식을 가진 이들이 훨씬 많다. 하지만 경제적 풍요로움에 비판의식을 가진다고 해서 생존 조건이 모두 같지는 않다. 특히 칼럼 장르에서, 이 낮은 원고료 시스템은 중산층 지식인들만 생존할 수 있도록 한다. 그들에게는 이 적은 원고료가 적지 않다. 바꿔 말하면, 칼럼 지면의 원고료가 이토록 오래 동결될 수 있었던 건 기획기사를 쓴 기자가 추가로 의견을 밝히는 자리, 교수나 연구자로서 지식을 '대중'에게 계몽하는 자리, 의사나 변호사 같은 전문 직종으로서 '대중'에게 이슈를 풀어 설명하는 자리, 따로 본업이 있으면서 영화나 드라마 등에 대해 아마추어 이상 수준의 식견을 이야기하는 자리를 '사실상' 전제하기 때문이다. 물론 요즈음의 칼럼 필자들에는 중산층 지식인뿐 아니라 (나와 같이) 불안정한 노동을 이어가는 스피커들도 많지만, 담론을 주도하고 지속 가능한 필자로 살아남는 이들은 매우 드물다. 만일 그렇게 살아남을 수 있다면, 그것은 적은 칼럼 원고료를 벌충할 수 있을 만큼 다른 집필 계약이나 강사 자리 혹은 관련 업계에 종사할 자리를 그나마 확보할 수 있기 때문일 것이다. (그리고 그 자리는 여성에게 더욱 비좁다.)

결국 원고료의 적음은 '인정'보다 '분배'의 문제라고 할 수 있다. 인정이 주로 사회적 위치나 역할을 부여받는 측면과 관계된다면, 분배는 그 가치에 기반하여 자원을 어떻게 할당할 것인가에 관한 문제라고 할 수 있다. 이런 관점에서 볼 때, 적은 원고료에는 해당 글의 사회문화적 역할을 인정하지만 그에 합당한 자원을 사회적으로 분배할 가치가 없다는 모순적인 판단이 실려 있다. 나는 미래의 기회비용까지 소진하고 잔인할 수도 있는 낙관을 밀어붙이며 7년간 프리랜서 칼럼니스트로 활동해왔다. 이러한 구조 속에서 다른 생계수단을 확보하지 못한 내가 자기증명의 피로에 휩싸이면서도 오히려 자처해서 작가-인플루언서 되기의 욕망에 몰두했던 건 예정된 감정적 구조였다.

나는 경제적 생존을 셈하는 데 둔한 편이다. 그런 성향에도 불구하고 7년이나 프리랜서 칼럼니스트로서 커리어를 지속해왔고, 앞으로도 긍정적인 전망을 그리고 있다는 점은, 이 시스템 안에서 어느 정도 자리를 차지했다는 뜻이기도 하다. 젊으며 간병할 가족이 있거나 장애를 겪지 않았다는 위치성까지 뒷받침해, 나는 분명 일정 수준 이상의 문화자본을 확보하고 있다. 누구나 책을 내는 시대가 됐다고는 하지만, 출판사에서 책을 낼 수 있으려면 (암묵적인 수준에서 요구되는) 특정한 자격을 갖춰야 한다. 2024년 여름 작가노조 기자회견 당시 선언문을 작성할 때도, 작가의 처우 개선을 요구할 때도 복잡한 마음이 들었던 건 그 때문이었다. 내 주장이 착취의 서사를 구사하며 피해자성에 매몰돼 있는 건 아닌가? 그렇다고 해서 나 혹은 다른 조합원들이 작가로서 충분한 대우를 받으며 배부른 요구를 하고 있다고 주장하려는 것은 아니다. 하지만 특히 원고료나 인세 인상 이슈에서 (전략적인 차원이라 하더라도) 작업상의 수고로움이나 불안정한 경제적 처우만을 강조할 때 놓치는 부분은 없는지도 고민해보아야 하지 않을까? '잘 팔리는' 작가가 되어 작업상의 수고로움을 벌충할 만큼 벌이가 나아지면, 그때는 작가노조 활동을 그만두어도 되는 걸까? 혹은 원고료 인상이 크게 필요하지 않은 작가들은, 작가노조가 자신과 무관하다고 생각하지 않을까?

작가노동을 모두의 질문으로 바꾸기

그렇다면 나는 무엇을 원하나? 적은 원고료 시스템의 양가성을 어떻게 다룰 것인가? 너무 많지 않은 수준에서 적당히 올리면 되는 문제일까? 그 '적당히'는 대체 어떻게 합의할까? 아니, 이쯤이면 기존 질문 방식이 낡았다는 신호다. 내가 배운 중요한 비평적 관점을 적용하자면, 문제는 모든 것을 '돈'으로 환원하는 프레임에서 비롯된다. 작가는 언제나 경제적 불안정성과 문화적 자본의 축적이라는 이중적인 조건에 놓여왔다. 그렇지만 이 이중성이 꼭 부정적인 것만은 아니다. 작업을 통해 즉각적인 경제적 보상을 받지 못하더라도, 그 과정에서 문화자본을 축적해나갈 수도 있어서다. 일례로, 원고료와 인세가 낮더라도 그 글과 책을 기반으로 강의를 하거나 새로운 기고 기회를 얻을 수 있다. 물론 이러한 기회는 언제나 불확실하며 작가별로도 격차가 심하기에 지속성을 기대하기는 어렵다. 따라서 적은 원고료나 인세가 작가적 성장의 '조건'이 될 필요는 없고, 그래서도 안 될 것이다. 하지만 동시에, 모든 문제의식을 경제적 보상으로 환원할 수도 없다. 창작과 생존이 분리되지 않는 지속가능성을 모색하기 위해, 분배에 대한 다층적인 상상력을 동원할 필요가 있다.

나에게 정말 필요한 건 원고료나 강사료 인상뿐만 아니라 '민폐' 카공족이 되지 않는 작업실 확보, 디비피아 등 학술논문 플랫폼에 대한 접근권, 기자들이 데스크에 높이 쌓일 정도로 신간을 지원받는 것처럼 서점 구독권이나 문화비 형태로 참고문헌 구입을 지원받는 복지, 건강검진을 받을 권리, 비평가·칼럼니스트 등 비문학 분야도 포함한 예술인 지원 체계, 그리고 번역이나 검색 등의 작업에 필수인 인공지능 챗봇 구독료 지원이다. 또, 불안정한 작업 및 인정 조건이나 악플로 인한 상처를 상담할 창구, 유명과 무명 혹은 장르별로 차별하지 않는 문화, 책과 글이 돈

이상의 가치가 있다는—고상함으로 낭만화하지 않고—사회적 인식을 확산하는 일 등도 필요하다. 이는 단지 작가에게만 해당하는 목록들이 아니다. 이 구체적인 아이디어들은 '작가+노동'이라는 개념의 조합이 밀어붙여준 문제의식이기도 하지만,[*] 내가 접했던 배달노동자나 학습지 교사 등 '특수'노동 현장에서 길어 올린 언어와 권리의식에 토대를 두고 있기도 하다. 여기 작가노동자들이 치열히 고민해갈 현장 역시 작가들만의 것이 아닌 모두가 기댈 수 있는 언어로 빚어지길 바란다.

---

[*] 이와 함께, 나는 사설 교육기관에서의 교육권 확대와 관련한 문제의식을 가지고 있다. 2016년 문단 내 성폭력 문제를 제기했을 때, 등단을 목표로 하지 않았던 나는 '문단 밖'으로 문제를 확장하는 방안을 고민했다. 현재 사설 교육기관의 강사로서, 나는 단지 성폭력 방지 조항을 나열하는 것이 아니라, 기관-강사-수강생이 함께 성평등한 문화를 조성하고, 그 문화를 담론화 및 제도화하는 방향으로 나아갈 필요가 있다고 생각한다. 또한 배리어프리 교육을 포함해, 비공식적인 문화적 맥락에서 간식과 뒤풀이 자리 등에서 채식할 권리와 같은 문제들을 다루는 것 역시 중요한 부분이라고 생각한다.

따로 함께
각자 모여 쓰기

김홍
소설가. 단편집《우리가 당신을 찾아갈
것이다》,《여기서 울지 마세요》,
장편소설《스모킹 오레오》,《엉엉》,
《프라이스 킹!!!》을 냈다.

작가노조를 준비하고 있다는 안명희 동지의《오마이뉴
스》인터뷰를 보고 그에게 연락했다. 우연히 읽은 기사였
고, 일면식도 없는 사이였지만 가슴이 뛰었던 기억이 난
다. 좋은 뜻을 가지고 모인 회의나, 사안을 위해 모이는 연
대체가 아닌 노동자로서 결속력 있는 조합. 작가 생활을
하는 내내 그것이 필요하다고 생각했다. 다른 걸 다 떠나
서 멋지지 않은가? '작가노조'라는 이름이 말이다. 이 글을

쓰기 위해 찾아보니 첫 연락을 한 것이 2023년 10월이었다. 햇수로 벌써 3년이라는 게 믿기지 않는다. 그 사이 줌zoom 화상으로 정기적인 회의를 하고, 때때로 오프라인에서 포럼을 하기도 했다. 하나 둘씩 사람이 늘어갔고 어느새 회비를 걷는 준비 모임이 됐다. 머지않아 정식 노조로 출범하고 깃발을 올릴 것이다. 내내 구경꾼 느낌으로 기웃거리다가 어느새 지붕이 생기고 마루가 생겨 함께 앉아서 귤을 까먹고 있다. 신기한 일이다.

　학생 때는 내가 당연히 노동조합 활동을 하게 될 거라고 생각했다. 어떤 회사에 들어가 어떤 일을 하고 있든 간에 말이다. 나한테는 그런 로망이 있었다. 노조 조끼를 입고 머리띠를 두르고 파업 현장의 선봉에 서는 그런 종류의…… 그런데 노조 없는 회사에 들어가 1년 만에 일을 그만두고, 그 뒤로 쭉 작가로 혼자 일하다 보니 노조할 기회가 없었다. 얼마 전 작가노조 동지들과 함께 산별노조 가입 상담을 받으러 갔다가, 문득 내가 노조 활동에 대해 아는 게 아무것도 없다는 걸 깨달았다. 그래서 물었다. 조합원으로서 저는 뭘 해야 하나요? 조합은 저에게 뭘 해주는 건가요? 그것까지 포함해서 다 가르쳐준다는 대답을 들었다. 마음이 든든해졌다. 뭐든 처음은 있는 법이니까 하나

하나 배워나가면 된다고 생각한다. 작가노조가 당장에 해나가야 할 일들도 특별히 정해진 게 없다. 우리가 함께 고민해서 만들어야 할 것들이 너무나 많다.

작가의 일은 노동이 맞는가? 이 질문도 스스로에게 여러 번 묻고 답해야 했다. 실제로 이것에 대한 고민 때문에 작가노조 합류를 망설이는 동료가 여럿 있었다. 나도 선뜻 '이것이 노동이다'라고 자신 있게 말할 수 있는 논리가 부족하다고 느낀 적이 있다. 사실 글을 쓰는 것을 제외한 나머지 모든 일에는 이미 수많은 사람의 노동이 스며들어 있다. 글을 편집하고, 디자인하고, 인쇄하고, 유통하고, 마케팅하는 모든 과정 중에 '이것이 노동인가?'라는 질문을 받는 영역은 존재하지 않는다.

그런데 유독 글을 쓰는 과정에 대해서만큼은 다른 종류의 질문이 따라붙는 것 같다. 예술이라는 이름의 특권이 부여되는 걸까? 나라고 소설 쓰는 일이 예술적이지 않다고 생각하는 건 아니다. 하지만 그렇다고 해서 어떤 노동이든 예술이 될 수 있고, 어떤 예술이건 언제나 노동일 뿐이라는 일반론을 말하고 싶지는 않다. 내가 생각할 때 필요한 건 '결심'인 것 같다. '오늘부터 이것을 노동으로 부르자'라는 마음의 결심. 그렇게 되면 이제까지 보이지 않던 많은 것들이 문제가 되어 수면 위로 떠 오른다.

　내가 소설을 쓸 때 가장 중요하게 생각하는 건 '되기'다. 결국 이야기는 '되기'에 관한 것이다. 내가 쓴 소설에서는 특히 사람이 사람 아닌 것이 되는 경우가 많다. 야구공이나 조명, 불상, 스마트폰, 오렌지 같은 것이 되어버리는데, 왜 그렇게 하냐는 질문도 많이 받았다. 아무래도 속마음은 '재밌으니까?' 정도겠지만 그것에 재미를 느끼는 진솔한 이유는 무언가가 '되기' 때문이다. 소설이 시작할 때 A였던 인물이 끝날 때도 여전히 A로 존재하는 것은 조금 맥빠지는 일이다. 그 많은 일을 겪고 난 뒤의 A는 못해도 A` 정도는 되어 있을 게 분명하다. 때로 A가 B로 변신하는 것에 스펙터클이 있고, C가 되었을 때 감동이, D가 되는 순간에 생각지 못한 음모들이 튀어나오기도 할 것이다. 결국 살아가는 일도 마찬가지인 것 같다. 각자 다른 곳에 있던 작가들이 작가노조로 '되기'를 선택했을 때, 바뀌는 건 글쓰기를 둘러싼 제도와 환경은 물론이고 함께 나선 작가들 자신일 것이다. 내가 잎으로 어떤 작가가 되어갈지를 상상해보면, 더 이상 혼자 외롭게 서 있는 모습으로 그려지지 않는다. 그런 것이 무척 소중하게 느껴진다.

　요즘은 새로운 장편소설을 열심히 쓰고 있다. 차곡차

곡 쌓아가던 원고를 내다 버리기를 몇 번이나 하고서, 이제 더는 미룰 수 없다는 생각으로 꾸역꾸역 앞으로 나가고 있다. 100칸짜리 표를 만들어서 10매를 쓸 때마다 ×표를 하나씩 치고 있다. 언제 저 네모를 가득 채우려나 싶어서 암담한 순간도 있었지만, 하루하루 지나며 빈칸이 줄어드는 걸 보는 재미가 있다. 아직은 채워진 칸보다 채워나가야 할 칸이 더 많다. 누구와 의논할 일도, 하소연할 것도 없이 그냥 계속해야 할 일이다. 생각할수록 글 쓰는 일은 본질적으로 고독한 업무임이 틀림없다. 그렇기 때문에라도 더 많은 사람들이 작가노조라는 깃발 아래 모여들었으면 하는 마음이다. 외로운 일을 계속 외롭게 하면 마음에 병이 들 수밖에 없다. 그렇게 뭉쳐 있어야 힘들고 어려운 일이 닥쳤을 때 함께 목소리라도 낼 수 있지 않을까.

지난겨울 황당한 비상계엄 선포로 시작된 내란 사태를 겪으며 느낀 건 참여하는 사람들의 소중함이었다. 휘청거리는 정치를 거리에서 바로 세운 사람들의 노력이 없었다면 훨씬 더 춥고 암울한 새해를 지나고 있었을 것이다. 계엄사령부의 포고령을 보면 '모든 언론과 출판은 계엄사의 통제를 받는다'는 대목이 나온다. 다른 문장은 대체로 '금한다'거나 '처단한다'로 끝나는 반면에 출판에 관해서는 '통제한다'고 적어놓은 것이 새삼 마음에 와닿았다. 몰지각한 반민주세력조차 출판을 금한다거나 처단한다고 쓸 생각은 하지 못하는 것이다. 금지하고 틀어막을 수 있는 종류의 일이 아니기 때문에, 기껏해야 자기들 발아래 놓고 이리저리 통제하려는 헛꿈 정도나 꾸었던 거구나 싶다. 내가 하고 있는 일이 이런 것이고, 우리가 함께해나가야 하는 일이 그런 것이라는 생각을 했다.

우리는 따로 떨어져 일하지만 쓰는 일은 항상 우리가 발 딛고 있는 공동체를 들여다보기 때문에 함께하지 않는 법이 없다. 그래서 각자의 공간에 있지만 언제든 마음이 모여 있다. 준비하면서 많은 작가들에게 함께하자고 적극적으로 말하지는 못했다. 꼭 노조에 관한 것이 아니라도, 많은 사람들에게 무엇을 함께하자고 적극적으로 말하는 성격이 못 된다. 정식으로 출범하고 난 뒤에 좋은 사람들이 모여서 필요한 이야기를 나누고 있다는 걸 보여줄 기회가 있으면 좋겠다는 생각이다. 문이 활짝 열려 있고, 모든 작가의 목소리가 차별 없이 대표될 수 있는 공간이라고 알려주고 싶다. 아직 그렇지 못하다면 함께 그렇게 만들어나갈 수 있을 테니까!

예비 작가의
신세 한탄

이준헌
아직 책은 내지 않은 고등학생이며
예술고등학교에서 영화를 전공하고
있다. 소규모 영화제에서 상을 타 10만
원 상당의 상금을 받은 적이 있다.

대한민국에서 '노동조합'은 마치 아스팔트에서 자라나는
새싹과 같다. 대한민국은 그 태생부터가 자본가와 국가권
력을 거머쥔 자들을 위해 건설된 국가이다. 그리고 지금도
그렇다. 민주화라는 거대한 희망의 사건 이후에도 나라의
상황은 좋아진 적이 없다. 한번 앞으로 발을 내디디면 언
제나 다시 한 발 뒤로 갔다. 이는 통탄할 일이지만 어린 나
조차도 여기에 익숙해진 나머지 전혀 감흥이 일지 않았다.

그렇다면 노동조합이 필요한 이유는 무엇인가? 국가, 더 나아가 전 세계를 지탱하고 있는 가장 거대한 계급인 노동자들을 보호하기 위한 것이 바로 노동조합이다. 그렇다면 노동자는 왜 뭉치지 않고는 스스로를 지킬 수 없는가? 그 이유는 간단하다. 노동자들은 자급자족할 수 없기 때문이다.

이 세상에는 크게 두 부류의 사람이 있다. 하나는 생산수단을 가지고 있는데 노동력이 필요한 사람이다. 이들은 상품을 생산할 수 있는 생산수단을 가지고 있다. 이들은 어느 정도 자급자족할 수 있지만, 실질적으로 다른 한쪽에 기대지 않고는 살 수 없다. 자본주의 사회에서라면 말이다. 사회주의 사회에서는 생산수단이 공동의 소유이므로 이 부류가 존재하지 않는다. 우리는 이들을 자본가 혹은 부르주아지라고 부른다.

다른 한 부류는 세상 사람의 대다수를 차지하는 자들이다. 이들은 생산수단은 없는데 노동력이 있다. 그러므로 이들은 자본가에게 자신의 노동력을 팔고 그 대가로 돈을 번다. 그렇게 하지 않으면 상품 생산 자체가 이뤄지지 않으므로 이들은 자본가가 없다면 쫄쫄 굶을 수밖에 없다. 우리는 이들을 노동자 혹은 프롤레타리아트라고 부른다.

자본주의 사회에서 노동자계급은 필연적으로 자본가들에게 의존할 수밖에 없다. 생산수단이 없기 때문에 스스로 상품을 생산할 수 없다. 즉 노동자계급이 가지고 있는 상품은 단 하나, 노동력인 것이다. 그들은 이 노동력을 자본가에게 팔아 돈을 받고 그 돈으로 생활한다. 이 때문에 필연적으로 자본가계급에 의존할 수밖에 없다. 이는 노동자계급의 힘을 약하게 만든다.

허나 자본가계급 역시 노동자계급에게 의존한다. 자본가계급이 노동력을 사 만든 상품은 누군가에게 '팔릴 때' 비로소 돈이 된다. 이 말인즉슨 그들에게는 고객이 필요하단 것이다. 그리고 고객의 대부분은 노동자계급이다. 따라서 노동자계급이 상품을 살 형편이 되지 않는다면 자본가계급 역시 팔지 못하게 된다. 그러면 노동력을 사들이는 양을 줄여야만 하고, 노동자계급은 또다시 상품을 살 경제력을 갖추지 못하게 된다. 자본주의는 이 무한의 굴레에 필연적으로 빠질 수밖에 없다.

그렇기 때문에 자본주의 사회에는 노동조합이 필요하다. 노동자계급이 똘똘 뭉쳐 서로를 보호할 수 있어야 한다. 그리고 그 일은 노동조합이 한다. 고용주와 노동자가 대등한 관계가 될 수 있도록 돕는 것이 바로 노동조합이다. 노동자가 부당하게 착취당할 때 그것을 막아주는 것이 바로 노동조합이다. 노동자계급 전체가 위협받을 때 파업 투쟁을 통해 이를 받아치는 것이 바로 노동조합이다. 세계가 자본주의 법칙을 따르는 한 노동조합은 어느 국가에서나 필요하다.

그러나 대한민국에서 노동조합은 천대받는다. 노동자계급의 정치세력화를 가로막는 이 나라는 참으로 박한 곳이다. 이 나라는 노동자들이 어떤 부당한 일을 당해도 하소연할 곳이 없다. 실질적으로 받는 최저시급이 냉면 한 그릇보다 싼 것이 대한민국의 참담한 현실이다.

왜 그런 것일까? 대한민국이라는 나라가 너무 보수적이라서? 맞는 말이다. 태생부터 친제국주의-친기업주의 국가였다. 광복 직후 건립된 한반도의 유일한 정부 '조선인민공화국'을 몰아내고 위에선 소련이, 밑에선 미국이 침략해왔다. 그리하여 나라는 이 모양 이 꼴이 났다. 우리는 일본으로부터 해방된 이후에도 친일파들에게 다시 머리를 조아려야 했고, 독립운동기들이 처참히 죽어가는 광경을 두 눈 부릅뜨고 지켜봐야만 했다.

친일파이자 변절자 박정희와 학살광 전두환의 횡포 아래 대한민국의 기업들은 호의호식하며 자신의 자본을 축적해왔다. 친일 행위를 통해 얻어낸 돈들로 기업을 굴리며 말이다. 실제로 나라를 빛냈던 주역인 노동자들은 조명 한번 받지 못했다. 아직도 이들보다 박정희를 존경하는 사람이 많은 것이 현실이다. 이런 악독한 현실은 지금도 변함없다. 노조의 요구는 번번이 무시되기 일쑤고, 모두가 기업의 편만 들어준다. 이런 곳에서 어찌 노동을 하겠는가?

그래, 그나마 지금은 민주노총이 있다. 그런데 민주노총이 있다고 해서, 노동자들이 제대로 된 대우를 받는다고 단언할 수 있는가? 적어도 나는 그런 일은 한 번도 본 적이 없다. 파업 투쟁은 늘 '작전상 후퇴'로 이어지고 노동 환경 개선은 소수의 인물들이 알아서 타협함으로써 개악이 되어버리고 만다. 과연 대한민국의 대다수의 국민들은, 혹은 소수의 자본가들은 민주노총과 노동자의 목소리에 제대로 귀 기울인 적이 있었던가? 철도노조가 왜 파업하는지도 모른 채 그저 불편하다며 파업을 욕하기만 바쁘지 않았던가?

민주노총이 있는 지금, 우리는 노동조합 자체에도 여러 한계들이 있다는 것을 알고 있다. 그런데 노동조합 자체가 없는 직종도 있다. 그것도 아주 많다. 작가라는 직종도 그렇다. 그런 직종들은 자본가에게 부당한 착취를 당했을 때 누구의 도움을 받을까? 그 누구도 도와주지 않는다. 고용노동부는 사실상 자본가들의 충실한 개나 다름없고 다른 시민단체들은 실질적 힘이 없다. 우리에게는 그 무엇보다 노조가 필요하다.

통상적으로 작가는 노동자로 인정받지 못한다. 주변 사람들에게 '작가도 노동자다'라고 말한다면 십중팔구 헛소리 그만하라는 조롱부터 날아올 것이다. 우리는 수도 없이 '작가는 돈을 원하면 안 된다'는 궤변을 듣고 살아왔다. 그것은 편견에 그치지 않고 응당 받아야 할 돈마저 받지 못하는 일로 번지곤 한다. 작가는 거의 모든 분야에서 '노동자'로 대우받지 못하고 있다.

그런데 이제, 그동안 '노동자'라고도 불리지 못했던 작가에게, 지금껏 단 한 번도 제대로 된 노동인권을 보장받지 못했던 작가에게 노동조합이 생긴다고 한다. 얼마나 감격스러운 일인가? 여태껏 작가를 노동자로 보던 이들이 있었는가? 출판사의 억압과 횡포에도 그저 입을 다물고 있을 수밖에 없던 작가들이었다. 이제 작가도 노조를 통해 자신의 노동인권과, 당연한 인센티브와, 창작의 자유를 확보할 수 있게 될 것이다.

노동조합은 어느 직종에나 있어야 하며 그 어떤 노동자라도 노동조합에 가입할 권리가 있다. 그러나 대한민국은 그런 권리 따위는 가볍게 무시하는 사회이다. 고정관념과 편견, 그리고 오만으로 가득 찬 악법들과 그것들을 이용해서 자신의 자본을 불리는 악독한 자본가들이 나라를 노동자의 지옥으로 만들었다. 2011년까지만 해도 우리나라에는 복수노조 설립 금지조항이 버젓이 존재했다. 이는 전 세계 어디에서도 찾아보기 어려운 악법 중의 악법이며, 자본가들을 위한 착취 수단이다. 자본가들은 가뜩이나 힘없는 노조를 더욱 압박해 노동자의 목소리 자체를 말살해 왔고 지금도 그렇게 하고 있다.

이 나라는 결국 자본가의, 자본가를 위한, 자본가에 의한 나라에 불과한 것인가? 아니라고 말하고 싶지만 유감스럽게도 그렇다. 이 암담한 현실을 더욱 굳건히 지탱시키는 것은 우리 사회에 깊게 뿌리내린 우월의식, 황금만능주의, 경쟁의식이다. 모두가 돈을 원하며 자기 이외의 사람들을 전부 제거해야 할 경쟁자로 본다. 그리고 근거도 없는 우월의식 속에서 다른 이들을 배척하며 살아간다. 산업화 이전부터 자라오던 이 암세포는 IMF를 기점으로 미친 듯이 퍼져나갔다. 이 더럽고 추악한 암세포들은 노동자의 단결을 막고 노조를 짓밟는다.

그렇다면 이 암세포는 어디에서 생성되는가? 도대체 무엇 때문에 생겨나서 이토록 노동자들—작가들을 포함해서 말이다—을 못살게 구는 것일까?

체제다.

대한민국의 국가적 이념, 자본주의가 바로 그 암세포 자체다. 자본주의는 사회를 끝없이 병들게 만들고, 서로를 의심하고 견제하도록 해 모두를 삭막하게 만든다. 그리하여 사람들 사이에는 차갑고 단단한 벽이 세워진다. 이런 환경에서 어찌 글을 쓰고, 어찌 노동운동을 하며, 어찌 모두가 행복한 평등 세상을 만들 수 있다는 말인가? 이 얼어 죽을 것만 같은 겨울에서 우리는 어찌 살아갈 수 있을 것인가?

체제가 바뀌어야 한다!

정권이 바뀔 것이 아니라, 체제 자체가 바뀌어야만 한다. 그렇게 하면 노동자들은 서로 힘을 합칠 것이고, 모두가 도우며 살아가는 세상이 만들어질 것이다. 이 대한민국, 잘못 세워진 탑을 바로 세우자! 기울어진 탑을 모두가 지켜만 볼 때, 가장 아래에 있는 사람들만이 이 기울어진 탑을 바로 세울 수 있다. 그 후에 우리는 평등하고, 자유롭고, 행복한 삶을 살게 될 것이다. 굶을 걱정 없고, 추울 걱정 없고, 아플 걱정 없고, 죽을 걱정 없는 새로운 세상에서. 그때가 되면, 아마 노조도 필요 없을 것이다.

그 길은 멀고도 험하다. 그리고 우리는 거북이 같은 속도로 나아가고 있다. 그렇지만 첫발을 내딛는 순간, 이미 시작한 것이다. 뒤돌아보지 마라, 뒤로 돌아갈 수 없으니. 작가노조의 설립은 또 다른 한 발이다. 멀리서 봤을 땐 의미 없는 발길질 같아 보일 수도 있겠지만, 귀한 한 발이다. 또한 이것은 거대한 도약이다. 새 태양이 떠오르는 지평선을 향해 나아가는 하나의 발걸음이다. 이 작디 작은 걸음들이 모여 멀고도 험한 길을 꿋꿋이 걸어가다 보면, 그때 우리는 보리라. 새로운 태양을……

작가노조여, 일어서라!

성평등으로
극락-하기

2016년 문단내성폭력을 고발한 고양예고
문창과 졸업생 연대 '탈선' 대표 활동.
2017년 페미니즘 에세이 《지극히 사적인
페미니즘》 공저자. 문단 내 성폭력 기록
단행본 《참고문헌없음》 필진. 2018년
양성평등진흥원 문화예술계 내 성폭력성희롱
예방 강사과정 수료 및 위촉. 2020년 제 3
회 페미니즘 연극제 〈스탠드 업, 그라운드
업 vol.2〉 스탠딩 코미디언 출연. 2021년
한국여성연합 혁신위원회 외부위원.

난 이제 지쳤어요

성평등에 대해 말하고 쓰는 게 지치고 힘든 요즘이다.
2016년 시작된 문단 내 성폭력 고발의 한가운데에 서서,
고양예고 졸업생 연대 '탈선'의 대표로 활동했던 나는 운
동 과정 중 심각한 번아웃을 겪고서도 뭘 더 해보겠다는
마음인지 뭔지 줄곧 반성폭력운동이나 여성운동, 성평등

156   2부 | 작가노조를 만들다

운동에 기웃거리고 있다. 길 가다 누군가 내 어깨를 탁 짚고 성평등에 대해 말해보라고 하면 AI처럼 상대의 외모, 말투, 습관, 사용하는 단어의 뉘앙스 등을 파악해 상대 맞춤형 성평등 주제를 꺼내 이런저런 말을 옹알거리겠지만, 내 표정은 심각하게 굳어 있을 것이다. 아니, 어쩌면 황홀한 무표정일지도 모른다. 네, 관객님. 요청하신 성평등 토론과 논의 나왔습니다. 관객 맞춤형으로 고려해봤는데 맛있는지 드셔보세요. 제가 충분히 성공한 맛있음을 구현했나요? 누군가는 깔깔거리겠고, 누군가는 많이 배운다고 할 것이고, 누군가는 빈정거리겠지. 그렇게 몇 년을 운동권 언저리에서 뒹굴었다.

사실 안 지쳤을지도

그렇게 뒹굴다 보니, 더는 그렇게 살기 싫어졌다. 성평등은 나를 온갖 것들의 부자유에서 해방시켜주리라 믿었는데, 왜 점점 늪에 빠지는 것 같지? 그런 생각이 들자, 남을 위한 성평등이 아니라 나부터 행복한 성평등을 찾아야겠다 싶었다. 무엇보다 내가 공부하고, 고민하고, 현장에서 뒹굴며 체득한 성평등의 가치란 누군가를 검열하거나, 배제하거나, 조심하는 방향으로 이룩하는 세계가 아니라 더 넓은 상상을 하게 하고, 시야를 트이게 하며, 사고의 유연함과 사유의 즐거움을 두루 충족시켜주는 세계에 대한 이야기였기 때문이다. 성평등한 사회에 있을수록 농담과 유머의 질이 좋아졌다. 그 배움을 생각하니, 도파민이 싹 돌았다. 이렇게나 성평등의 세계를 좋아하다니. 사실 안 지쳤을지도.

사람들은 머리로는 성평등이 피해/가해의 이분법으로만 작동하지 않는다는 것을 알면서도 막상 실제 상황에 부딪히면 적극적으로 사유하거나 맥락을 살피기 저어한다. 때로는 가해자의 눈에 나기 싫어서, 때로는 피해자의 감정을 존중하지 못할까봐. 하지만 성평등은 편협한 눈치보기가 아니다. 한 개인의 영향력에 과도하게 흔들리거나 휘둘리지 않는 공통의 감각, 상식을 합의해 만들어가자는 근본적인 세계관 구축에 대한 이야기다.

안다. 알아요. 이렇게 말하면 세상에 얼미니 나쁜 놈들이 많고! 피해자가 소외되고 고립되기 쉽고! 공동체는 허상이고! 네네, 동의합니다…… 아니, 진짜로. 진짜로 동의한다. 그런데 난 한편으로 대단한 현실주의자다. 무슨 말인가 하면, 사람과 사회를 '변하지 않을 것' 취급하면서 허송세월하는 게 내 정신건강이나 상황 개선에 별로 도움이 되지 않는다는 것을 잘 알고 있다는 뜻이다. 내가 변해왔듯이 사람도, 사회도 조금씩은 변한다. 나는 어디 가서 '페미니스트' 소리를 정말 빈번하게 듣지만, 확실하게 알고 있다. 나는 태어날 때 '응애' 대신 '페미니즘' 하면서 태어나지 않았다. 그냥 평범하게 '응애' 하면서 태어난 것으로 알고 있다. 아빠 말에 의하면……

그래서 나는

그래서 나는 어떻게 하기로 했는가. 조직을 만들기로 했다. 특히 문단 내 성폭력 고발 운동. 문단 내 권위와 권력이 이렇게나 유무형으로 실재하는데, 그 권위와 권력의 폭력적 발산 행태로서 여러 가지의 부조리와 성평등 침해가 심각한데, 그것을 '없다'고 하는 사회에 화가 났다. 아니, 이제는 화도 안 난다. 그냥 어떻게 하면 그것에 대응할 수 있겠는가 고민해보니, 우리의 쪽수를 늘려서 조직을 건설하고, 조직적으로 대응하는 것밖에는 방법이 없다 싶다.

역사적으로 유일하게 투쟁에 성공하는 방법 아닌가. 쪽수로 밀어붙이기. 한 사람이 문제제기를 하면 개인의 문제로 취급되기 십상이지만, 다 같이 문제제기 하면 중요한 문제로 다뤄진다. 그리고 그 과정에서 가장 중요하게 다뤄야 할 조직적 고민이 드러난다. '무엇'을 '어떻게', '왜' '언제' '어디에서', 그리고 '누구에게' 문제제기 할 것인가. 그것을 첨예하게 고민하지 않는 운동은 고이고 썩는다. 성평등을 조직적 문제로 다루는 것도 마찬가지다.

그리고 그 과정에서 또 하나 중요한 것은 개개인이 지치지 않도록 조직을 운영하는 것이다. 너무 많은 고민과 규율과 검열에 짓눌리지 않는 것이다. 사람이 지치지 않으려면 모임이 즐거워야 한다. 정교하고 적절한 농담과 유머가 있어야 한다. 나는 이것을 아주 힘들게 배,웠,다……

재미를 추구하기로 했다

성평등과 작가노조에 관한 글을 여러 번 썼다가 엎었다. 모두 맘에 들지 않는 거짓된 문장들뿐이었다. 당위가 남발되고, 현안을 얘기하면서도 진정으로 내가 말하고 싶은 가치에 대해서는 뭉개는 말들이었다. 자기검열이 쏟아졌고, 메시지는 뭉툭해졌다.

　나는 지난해 열린 작가노조 준비위원회 성평등 워크숍에 대해 쓰기도 했고, 성평등 문제를 다루는 데 가장 예민한 현안에 대해서 강한 주관이나 의견을 내세우기도 했고, 작가노조가 왜 성평등을 중요한 기조로 다뤄야 하는지에 대해서 쓰기도 했다. 그런데 나는 이 지면을 빌려서 그런 얘기를 '먼저' 내세우고 싶지 않아졌다. 에이, 재미없잖아요.

성평등도 극락이니까

내가 쓰고 싶은 것은 즐거움에 관한 것이다.

　많은 작가들은 주변화되는 경험을 자주 겪는다. '직업'이나 '노동'으로 부르기 애매한 노동에 헌신하고, 주변에선 신기하거나 이상한 사람 취급을 당하기 일쑤이며, 불안정한 노동환경과 조건으로 인해 주머니는 항상 비어 있다. 결혼식이나 장례식에 참석할 때조차 계좌 앱을 열었다 닫았다 다시 열었다 해야 한다. 그런다고 잔액이 늘어나는 것도 아닌데.

주변화되는 경험이 잦아서인지, 심각할 정도로 성정이 과민하다는 평가도 자주 듣는다. 누가 때리기도 전에 맞은 것처럼 아파하고…… 내가 아니라 남이 아픈 건데도 그게 그렇게 또 슬프고…… 그러나 주변화된 자들로 우리에게도 특권이 있다면, 유머에 대한 것이다. 유머는 권위와 권력을 조롱할수록 더욱 빛을 발하므로, 우리는 그것에 있어서 적확한 타격지점을 알 수 있다. 그리고 바로 그 지점에서 성평등과 유머가 만난다.

성평등을 추구해야 할 위대한 당위 중 하나는, 그것이 권위과 권력관계를 밝혀주는 아주 유용한 도구라는 것이다. 권위와 권력에 대해서 끝없이 사유하게 만든다. 그것은 단순한 정치적, 철학적 언어뿐 아니라 감각적 체험의 영역까지 수반한다. 경우의 수는 끝없이 펼쳐지고, 다층적인 층위와 맥락은 해석의 재미를 느끼게 만든다. 정교한 농담과 유머는 고도의 투쟁 전략과 같다. 카타르시스가 있고, 권위를 비틀어 현실을 비추는 데다가, 부조리한 현실을 고발하면서도 그 현실을 전유하는 효과까지 있다.

그렇게 접근하여 성평등 문제를 바라본다면, 성평등이야말로 극락적 재미의 세계라는 것을 확인할 수 있다.

다 같이 무엇을 '안 할지' 고민하는 것이 아니라, '어떻게 하면' 다 같이 재밌어질 수 있는지를 고민한다면 말이다.

극락적 사고

우리에게 필요한 건 성평등이라는 극락이다. 당신은 극락을 무엇이라 여기는가? 고통과 번뇌 없이 즐거움만 가득한 이상적인 상태? 그러나 즐거움이란 항상 고통과 번뇌 끝에 온다. 고통과 번뇌가 항상 즐거움을 가져다주지는 않지만, 즐거움을 느끼는 과정에는 고통과 번뇌가 담겨 있다. 그 이치를 이해한다면 성평등이라는 난제를 즐거움을 찾는 과정으로 이해할 수 있다. 우리에게는 더 좁은 선택지가 아니라, 더 많은 선택지가 필요하다. 농담과 유머가 필요하다. 나에게는 해방, 자유, 활기, 이유 있는 반항이 극락과 가까운데, 당신에게는 어떤가? 아니다. 여기서 이럴 게 아니다. 작가노조에 들어와서 같이 논해보자. 작가노조는 당신에게 열려 있다.

우리는
글 쓰는 노동자로
존재한다

변정정희
다큐멘터리와 라디오 방송 작가로
활동했으며, 최근 르포르타주 작업을
하며 새로운 글쓰기를 모색하고 있다.
책《기억의 공간에서 너를 그린다》를
함께 썼다.

정리해고에 관한 영화였다. 인사팀에 갓 부임한 젊은 직원
이 회사 구조조정에 따른 해고 업무를 맡으며 벌어지는 사
건을 다루고 있었다. 노동 주제 영화인 만큼 관련 인사들
이 대다수 관객으로 모인 시사회였다. 상영이 끝나고 열린
관객과의 대화GV에서 사회자와 게스트가 무대에 올랐다.
어떻게 보셨냐는 사회자의 질문에 노동계에서 단단하게
활동해온 게스트들이 저마다 겪은 현실에 대해 열변을 토

했다. 영화 속 환경이 실제와 다르지 않다고, 아니 영화보다 실제가 훨씬 더 잔인하고 살벌한 환경이라고 이야기했다. 무자비한 해고와 비정규직을 향한 부당한 처우. 그들은 모두 해고와 투쟁, 연대의 경험이 있었다. 그 투쟁을 지지하는 관객들은 박수로 연대했다. 사회자 역시 맞장구를 쳤다. 특히 사회의 부조리에 묻어가는 등장인물 중 한 명을 거론하며 '역겹다'고 감상을 말했다. 그 순간이었다. 영화관에 편히 앉아 손뼉을 치던 내가 어느새 무자비한 해고를 당하고 있는 부당한 비정규직 작가노동자의 자리에 앉아 있었다.

"이번 달까지만 합시다!"

"네? 근데 왜요?"

"그건 말해줄 수 없어요. 그냥 그렇게 알면 돼요."

10월의 마지막 주였다. '이번 달'의 끝을 일주일도 남겨두지 않은 채 갑작스럽게 해고 통지를 받았다. PD는 이유를 알려주지 않았다. 당시 나는 한 방송국의 라디오 작가로 일하고 있었다. 이전에는 여러 방송국과 외주제작사를 오가며 다큐멘터리를 비롯한 다양한 TV 교양 프로그램의 구성안을 썼다. 그러다 같은 방송국에서 연이어 라디오 프로그램을 맡으며 나름 '안정적'으로 글을 쓰던 차였다. 매일 오전 송출하는 생방송이었다. 9시쯤 출근해 방송하고 12시쯤 회의 겸 점심식사를 한 후 작가실에서 다음 날 대본을 쓰고 6시쯤 퇴근했다. 원고를 꼭 방송국에서 쓸 필요는 없었지만, 긴급한 일이나 회의를 생각하면 그게 편했다. 사실 주어진 개인 책상과 컴퓨터도 없어 '작가실'이라 칭해진 공용 공간에서 공용 컴퓨터로 글을 썼다. 주 5일 9~6시 글쓰기는 마치 '정규직' 노동자인 것처럼 느끼게 했다. 하지만 해고는 정확히 '비정규직'다웠다. 더 정확하게 짚자면 해고도 아닌 '계약 해지'였다. 다 채우지 못한 10월 원고료가 그다음 달에 나오면 끝이었다. 1년 넘게 일했지만, 퇴직금이나 실업급여는 없었다. PD는 갑자기 원고료가 끊긴 작가에게 당장 내야 할 월세가 있는지 당연히 묻지 않았다. 작가는 노동자가 아니었다.

할 수 있는 일이 많지 않았다. 매일 방송국에 출근했지만, 계약서를 본 적이 없었다. 그건 다른 방송 프로그램이나 영화, 홍보 작업을 할 때도 마찬가지였다. 오히려 규칙적인 라디오 방송을 하면서 매달 원고료가 떼이지 않는 환경을 감사히 여길 정도였다. 그동안 제작사 사정 때문에, 불방되었기 때문에, 아직 기획 단계니까 등등의 이유로 꽤 많은 원고료를 받지 못했다. 노무사에게 연락해봐도

'노동자가 아니니 해줄 수 있는 게 없다'는 소리를 들을 뿐이었다. 또한 이곳에서의 대응이 좁은 방송계에 어떻게 퍼질지도 걱정되었다. 그때 나는 방송 경험을 꽤 쌓은 상태였지만 비교적 젊은 축에 속했다. 함께 일했던 두 명의 DJ는 내가 태어나기 전부터 활동을 시작한 대선배들이었고, 두 명의 연출자 중 해고를 전한 PD 역시 방송 경력과 나이가 더 많은 정규직이었다. 나는 어리고 불안정한 한 명의 작가였다. 혼자였던 것이다. 작가실에서 오가며 인사하는 또 다른 작가들이 있었고, 소식을 들은 사람들은 안타까워했지만 깊은 이야기를 나눌 수는 없었다. 우리는 홀로 각자 다른 시간대 프로그램에서 각개전투하고 있었으니까. 혼자 피켓을 들고 방송국 앞에 서서 부당해고에 대해 폭로할지 무수히 고민했다. 하지만 결국 내가 한 일이라고는 가장 높은 직책을 가진 이가 있는 국장실에 찾아가 항의하는 것밖에 없었다. 그것도 최대한 예의를 갖춰 공손히. 그리고 함께 일했던 '정규직' PD의 '개인' 책상으로 찾아가 '이번 달'이 아닌 '당장 오늘' 끝내겠다고 말했다. 그게 끝이었다. 이미 써둔 내일 대본을 공용 컴퓨터에서 삭제한 채로. 그때 내가 찾아간 곳이 국장실이 아닌 다른 곳이었다면 어땠을까?

그해 12월 말, 꽤 늦은 밤에 PD에게서 전화 연락이 왔다. 소란스러운 음악과 들뜬 말소리가 배경으로 들렸다. 아마도 방송국 송년회 자리 같았다. 그는 미안하다며 뒤늦은 사과를 했다. 하지만 그때도 의례상 갖다 붙일 수 있는 해고 이유를 말하지 않았다. 결국 나는 꽤 오랜 세월이 지난 지금까지도 그 이유에 대해 듣지 못했다. 차라리 전화하지 않았으면 좋았을 텐데. 해고가 부당하다는 것을 알지만 그것을 미안하다는 연말 인사 한마디로 정리해도 되는 존재가 작가란 말인가? 제목만 있던 프로그램을 처음부터 기획하고 구성했는데 쉽게 지워져도 되는 이름이 작가란 말인가? 하물며 큰 잘못을 했다 한들 막 쫓겨나도 되는 자리가 작가란 말인가? 그럼에도 나는 그 사건을 점차 잊어가고 있었다. 계속 싸우지 않으면 잊는다. 잊다 보면 잃게 된다. 부당한 해고를 다룬 영화를 보면서도 관객으로만 있을 만큼 나의 자리를 잃어버리고 있었다. 영화가 노동계에서 워낙 유명한 사건을 모티브로 했기 때문이기도 하지만, 그보다는 등장인물인 사무직, 생산직 노동자 앞에서 글 쓰는 작가가 '노동자'임을 떠올리지 못했기 때문이었다.

"너무 역겹네요. 안 그래요? 여러분."

영화 GV를 진행한 사회자는, 당시 내가 해고당한 방

송국의 PD였다. 정규직이기 때문에 그로부터 오랜 시간이 흐른 그날 무대에서도 여전히 방송국 직함으로 자기소개를 했다. 우리는 비슷한 시간대의 프로그램에서 일했기 때문에 매일 서로 인사를 나누는 사이였다. 해고당한 날 오전에도 웃으며 서로 '안녕'을 물었다. 해고당한 다음 날에도 그가 나의 부재에 '안녕'을 물었는지 모르겠다. 그 사회자는 나를 해고한 PD가 아니었다. 그렇기에 매일 인사하던 옆 프로그램 작가가 부당하게 해고당한 것을 알았을 수도, 몰랐을 수도 있다. 아마 몰랐을 것이다. 방송국에서 작가노동자의 자리는 늘 불안정했고, 교체가 무척 빈번한 일이었으니까. 보았어도, 보지 못했을 것이다. 내가 노동영화를 보면서도 스스로 작가노동자임을 잊고 있었던 것처럼, 그 사회자는 여러 자리에서 노동 문제에 대해 큰소리를 내면서도 본인이 다니는 회사에서 비일비재하게 일어나는 작가에 대한 부당한 처우와 무자비한 해고를 보지 못했을 것이다. 그때도 지금도 곳곳에서 역겨운 일이 벌어지고 있다.

그때는 몰랐지만, 지금은 안다. 나는 투명인간이다. 그래서 해고당했다. PD의 개인적인 이유가 무엇이었든 무례한 해고를 가능케 했고, 그 해고를 아무도 보지 못하게 한 사회 시스템이 바로 명확한 해고 이유였다. 문제는 이것이 나 혼자만의 사건이 아니라는 것이다. 그 해고를 전후로 더 심각한 상황들을 겪었고, 또 전해 들었다. 죽음으로서야 끝난 사건도 있었다. 그런 사건들이 모여 몇 년 후 '방송작가유니온'을 비롯한 방송스태프 관련 노조들이 생겼다. 부당해고를 당한 날 국장실 대신 내가 찾아가야 할 곳이었다. 방송작가의 노동이 드러나는 일은 무척 반가웠다. 진심으로 응원했다. 하지만 이미 나는 방송에서 꽤 멀리 떨어져 나와 있었다. 부당한 해고 이후 몇몇 프로그램을 더 만들다가 자발적으로 방송을 그만두었지만, 어쩌면 떠밀려 나온 것일지도 몰랐다.

현재 나는 또 다른 글쓰기를 궁리하는 중이다. 과연 방송이 아닌 곳에서의 글쓰기 노동은 얼마나 다를까? 작가노동자로서 투명하지 않게 존재할 수 있을까? 요즘은 르포 작업을 하고 있다. 여러 작가와 함께 사회 문제에 관해 글을 쓰며 온라인 매체에 연재하고 책을 묶는 과정을 진행했다. 불합리한 부분을 발견할 때도 있었지만, 다행히 함께하는 작가들과 이야기하며 힘을 모을 수 있었다. 내게도 동료 작가가 생겼다. 희미하게 형체가 드러나는 기분이다. 혼자 쓰는 르포 작업도 있다. 다행히 좋은 편집자와 출판사를 만나 지금까지는 문제없이 작업을 해가고 있다. 하지만 이것이 단지 '다행히'여서는 안 된다고 생각한다. 여럿일 때도, 혼자일 때도, 어떤 매체나 어떤 담당자를 만나 어떤 장르의 글을 쓸 때도 부당하지 않게 일하고 합리적으로 진행하며 알맞은 원고료를 받기 바란다. 보이지 않는 관행을 넘어 보이는 법과 질서로 자리 잡기를 원한다.

영화보다 더한 일들을 현실에서 자주 목격했다. 여러 현장에서 싸우는 이들을 마주칠 때마다 나는 종종 그때로 되돌아갔다. 왜 싸우지 않았을까, 아니 왜 싸우지 못했을까 자책할 때가 많았다. 만약 그때 단 한 명이라도 나의 싸움을 이해한다고, 그래서 응원한다고 지지해주면 어땠을까? 최근 소중한 동료 작가에게서 작가노조가 만들어진다는 소식을 들었다. 망설임 없이 참여했다. 당신을 싸움을 이해한다고, 그래서 응원한다고 지지해주고 싶었기 때문이다. 과거의 나이자 미래인 나에게, 그러니까 우리에게. 각자의 자리에서 홀로 떨어진 채로 글쓰기 노동을 하는 우리는 잘 보이지 않을 때가 많다. 하지만 작가노동자로서 공동의 감각을 가지고 함께 말하고 행동한다면 우리의 자리가 좀 더 명확하게 드러나지 않을까? 사회가 씌운 투명 망토를 걷어낼 때가 왔다.

"나는 여기 작가로 존재한다. 명징하게. 글 쓰는 노동자로."

작가노조라는
공동의 울타리를
향해

희음
다양한 형태의 불안정노동을 하며 글을
쓰고 사람들을 만난다. 이 땅 위의 모든
존재들의 삶이 살 만한 것이 되려면 어떤
저항과 목소리와 돌봄이 필요한지 더듬어
찾는 중이다. 멸종반란과 기후위기 앞에 선
창작자들의 활동가로 함께하고 있다. 시집
《치마들은 마주 본다 들추지 않고》(2020),
그림책《무르무르의 유령》(2023)을 펴냈다.
《김용균, 김용균들》(2022),《우리 힘세고
사나운 용기》(2023)를 함께 지었다.

죽은 이름들 뒤에야 오는,
언제나 너무 늦은 변화

먼저 세 가지 이야기를 하고 싶다.

첫 번째는 고 김용균 노동자에 관한 이야기다. 석탄
화력발전 비정규직 노동자 김용균은 2018년 겨울 산업재
해로 사망했다. 2인 1조 근무 규정이 지켜지지 않았고, 컨

베이어벨트로부터의 보호장치가 미흡했으며, 작업환경 또한 이루 말할 수 없이 열악했다. 원청과 하청이 분리되어 노동자의 안전이 간과될 수밖에 없었던 고용 및 관리 구조 역시 문제였다. 사고가 난 노동 현장이 있고, 노동을 지시한 관리자가 있고, 노동자를 고용한 회사가 있음에도 사고에 대한 법적 해석 및 판정 과정은 지지부진했다. 제대로 책임지거나 벌 받는 이는 없었다. 한 해 2000명이 넘는 노동자가 산재로 죽는 현실도 여전하다. 묻게 된다. 이런 곳에서 우리가 계속 살아갈 수 있을까.

한편으론 움직임들과 변화 역시 기억하고 싶다. 사고 이후, "내가 김용균이다"를 외치며 거리로 쏟아져 나온 수많은 시민이 있었고, 중대재해처벌법이 제정되었으며, 비정규직 노동자에 대한 차별과 착취가 범사회적 주요 의제로 떠올랐다.

두 번째는 한 중년 여성 배달노동자의 이야기다. 두 아이를 홀로 키우던 그녀는 하루 8만 보를 걸으며 쿠팡이츠의 배달 라이너로 일했다. 걷는 것이 힘에 부쳐 전기자전거를 마련했는데 그러고 한 달도 안 돼 5톤 트럭에 치여 사망하는 사고를 당했다. 하지만 그녀에겐 산재보험금이 지급되지 않았다. 한 사업장에서만 월 소득 115만 원, 월

종사 시간 93시간을 채워야 한다는 전속성 요건을 충족하지 못했기 때문이다. 전속성이라는 말이 이토록 폭력적일 수 있나.

이 죽음 이후에야 산재보험 전속성 규정이 폐지되었고 산재보험 적용 대상 직종도 늘어났다. 탁송기사·대리주차원, 관광통역 안내원, 어린이 통학 버스기사, 방과후학교 강사, 화물차주도 산재보험 보호를 받게 되었다.

세 번째는 시나리오 작가 최고은씨에 관한 이야기다. 작가는 설을 앞둔 2011년 1월 말, 경기도 안양의 월셋집에서 숨진 채 발견됐다. 그가 마지막으로 이웃 주민에게 남긴 쪽지에는 "창피하지만, 며칠째 아무것도 못 먹어서 남는 밥이랑 김치가 있으면 저희 집 문 좀 두들겨주세요"라는 문구가 적혀 있었다. 지병이 있었던 그는 수일째 굶은 상태에서 제대로 치료를 받지 못해 사망한 것으로 밝혀졌다. 묻게 된다. 최고은 작가의 기아와 병과 내몰림은 온전히 그의 몫이고 책임일까.

그가 사망한 다음 해인 2012년, 정부는 그 죽음에 답이라도 하듯 예술인 복지법을 시행하고 산업재해보상보험법을 개정해 프리랜서 예술인도 산재보험에 가입할 수 있게 했다.

죽음들로 글머리를 채우는 마음이 무겁다. 언급된 죽음이 또 다른 무수한 도처의 죽음들을 대표한다 말할 수도 없다. 다만 어떤 죽음 뒤에야 보이지 않던 삶이 드러나고, 흩어져 있던 목소리와 힘이 모여들며, 그 진동에 기대어서야 정책과 제도가 조금이라도 바뀌는 현실을 말하고 싶었다. 또한 이는, 죽은 이름으로 남은 누군가에게는 언제나 너무 늦은 변화라는 말을 하고 싶었다. 더는 그만 늦자고 말하고 싶었다.

글쓰기 노동자는
산재를 말할 수 있는가

여기에 필히 더해야 하는 내용이 있다. 이는 '작가노조'가 왜 필요하며, '작가노동' 또한 '노동'임을 왜 힘주어 말해야 하는지에 대한 이유에 해당하기도 할 것이다. 위의 세 이야기를 다시 한번 들여다보자. 그 모두가 온전한 변화나 성취가 아닌, 앞으로의 숙제를 안고 있는 이야기이기는 하지만 그중 가장 맥없는 변화를 품고 있는 건 어느 것일까. 바로 세 번째 이야기다. 최고은 작가의 죽음 이후 예술인 복지법이 시행되었다고는 하지만 이에 의한 산재보험은 말뿐인 '복지'라서다. 예술인들은 플랫폼 기업이나 단체 등에 상시 고용되는 것이 아니기에 스스로 보험에 가입해야 하는데 보험료 또한 전액 본인이 부담해야 한다. 현재 예술인복지재단에서 그중 50%를 지원해주고 있지만, 이는 예술인 증명을 통과한 이들에게만 해당된다. 그런데 모든 예술인이 예술인 증명을 받을 수 있는 것이 아니다. 50% 지원을 받는다 해도, 100% 사업주가 부담하게 되어 있는 산재보험의 보편 원칙 속에서 이 같은 이례적 조건은 혜택이 아닌 차별이기가 쉽다. 자연히 보험 가입률은 바닥을 친다.

바꿔 말해 예술가 및 작가의 경우, 일하다 아프고 일하다 죽은 것이 명백하더라도 산재만큼은 좀처럼 그 원인이 될 수 없다는 얘기다. 고용형태가 '자유롭고' 불안정한데다 글쓰기 노동의 시작과 끝이 모호하다 보니,* 해당 노

---

* 책상에 앉은 순간부터인가, 타이핑을 시작한 순간부터인가. 수백 매의 원고를 완성한 뒤 나름의 점검을 위해 쓴 것을 소리 내어 읽는 시간은? 글쓰기 감각을 끌어올리기 위한 워밍업 차원에서 책 한 권을 다 읽었다면? 걸어 다니며 작업 구상을 하는 일은? 다섯 페이지를 썼다가 모두 지워 아무것도 남지

동으로 인한 사고 및 질병*이 '산재'라는 것을 증명하는 일 또한 극도로 어렵다. 이런 어려움 앞에서 예술인을 지원하는 공적 기관이자 공공단체인 예술인복지재단을 떠올리게도 되나, 짐작건대 재단은 한 작가에게 있을 법한 복잡다단한 사정들에 낱낱이 귀 기울일 시간이 없다.

---

* 않았다면 사라진 다섯 페이지에 들어간 노동도 사라질까? 작가노동으로 인한 산재 인정 사례는 물론 이에 대한 담론화조차 제대로 되지 않은 것이 지금의 현실이다. 다만 최근에는 이를 사회적 의제로 이끌어내기 위한 몇몇 노력들이 있었다. 예술인복지재단의 의뢰로 서울시립대학교 산학협력단이 발표한 연구 보고서 〈예술인의 산업재해 분석 및 정책 방향 연구: 문학·만화 분야를 중심으로〉(2024.12)가 그중 하나다. 이에 따르면 글쓰기 노동 과정 중에 진단받거나 치료한 경험이 있는 질병으로 '근골격계 질환'(디스크, 건초염)이 71.1%로 가장 높게 나타났고, 다음으로 '수면장애' 40.1%, '소화기계 질환'(위염, 장염 등) 39.7%, '눈질환'(백내장, 녹내장, 약시 등) 36.3%, '우울증' 22.4%, '방광염' 9.1%, '뇌혈관 및 심장 질병' 4.9% 등의 순이었다. 아직은 이것이 '산재'라는 이름으로 공식 제출되지 않았지만, 여기에 산재가 아닌 다른 이름을 붙일 재간이 있을까 싶다.

우리에게는 상호의존을 위한
동료가 필요하다

그렇다면 이 같은 무늬뿐인 정책과 무력한 제도의 구멍을 조금씩이라도 메울 대안은 무엇일까. 작가들에게는 무엇이 필요할까. 이때 필연처럼 떠올리게 되는 것이 '동료'다. 그리고 이 동료들로 구성된 '공동체'다. 우리에겐 서로의 처지를 이해함으로써 미끄러지듯 상호의존 관계 속으로 들어갈 동료가 필요하다. 그렇게 서로의 노동과 일상과 삶을 지키고 돌보고 지지할 동료 집단이 필요하다.

글쓰기 노동에서 기인한 작가 한 사람의 질병과 고통에 대한 호소가 그만의 주장이나 억지가 아님을 증언해줄 동료,

글쓰기 노동에 대해 부당하게 맺어진 어떤 계약서의 귀퉁이를 맞잡고, 반쯤 치켜 올라간 눈꼬리로 계약 상대인 사용자를 향해 함께 걸어가줄 동료,

일감이 끊어진 작가가 내일의 끼니와 병원비 걱정을 할 때 우루루 그의 이름표를 저마다의 목에다 걸고, 우리 모두의 생존을 위한 실업급여와 기본소득 혹은 참여소득[*]을 보장하라고 함께 거리로 뛰쳐나갈 동료,

최저 원고료 기준을 현실화하라고, 원고료와 인세와 인건비를 약속된 날짜에 지급하라고, 그것은 작가들의 생존권과 인권에 관한 문제라고 함께 외치고 싸울 동료,

거듭되는 외침조차 육중한 벽들 앞에서 맥없이 부서져 내릴 때, 제각기 다른 위치와 조건과 상황에 처했음에도 일제히 일어나 총파업을 강행할 용기를 내는 동료,

이 모든 구체적인 싸움을 차근차근 해나감으로써, 작가노동에 대한 비뚤어지고 편견 어린 사회적 통념과 관행과 정책과 제도까지 조금씩 함께 바꿔낼 동료,

종국에는 고요하고 나란하게 연결되어 있기만 해도 사회 전체를 향한 묵직한 힘과 존재와 목소리로서 현현될 동료.

---

* '참여소득'은 1996년 앤서니 앳킨슨이 처음 제안한 개념이다. 경제적 교환가치로 환산되는 생산활동이 아닌, 예술 및 문화 활동, 돌봄, 교육, 커머닝 등 다양한 사회적 참여를 '기여'로 간주하고 환산해 소득을 지급하는 제도다. 하지만 이를 직접적으로 상용화한 케이스는 아직 없다. 나는 이 '참여소득'이 예술가와 글쓰기 노동자의 최소한의 삶을 보장할 수 있게 하는, 가장 현실적이고 유용한 제도가 아닐까 생각한다.

2부 | 작가노조를 만들다

혼자의 싸움을,
함께 춤추며 하는 싸움으로

글쓰기 노동을 하는 우리에게는 이런 동료가 필요하고, 이런 동료들로 구성된 공동체가 필요하다. 얼핏 봤을 때 이 목록들은 지나치게 비현실적이고 낭만적으로 비칠 수도 있다는 걸 안다. 하지만 그렇지 않다. 2024년 6월, 작가노조 준비위원회가 기자회견을 열어 밝힌 바 있듯, 글쓰기 노동은 독립적이고 자유로운 노동이기보다는 불안정노동, 하청노동, 종속적 노동인 경우가 많다. 글쓰기를 취미와 자기실현의 차원으로, 세속 및 자본주의적 가치에서 분리된 숭고한 작업으로 의미화하는 사회적 통념 때문에, 또 오랜 부정의한 관행 때문에 글쓰기 노동은 계약 단계에서부터 인세 지급까지 그 과정이 투명하거나 명시적이지 않은 경우가 많았다. 작가들은 글쓰기 노동뿐 아니라 투명하고 공정한 계약 및 임금 지급을 요구하는 노동을 겸해야만 했는데, 이는 대개 어떤 성취에 도달하기보다는 절망과 체념이라는 종착지에 이르기가 더 쉬운 싸움이었다. 혼자라서였다. 서로의 동료가 되어 작가노조라는 공동의 울타리를 만들자는 제안은, 당신이 혼자서 해야 했던 싸움을 함께 춤추며 해보자는 제안이다.

조금 멀리까지 시선을 돌려보면 이 울타리를 무척 이른 시기에 쌓아 올린 공동체로부터 배울 수도 있다. 스웨덴의 경우, 무려 1893년에 작가협회가 구성되었고, 이것이 성장하고 재편된 형태인 스웨덴작가조합이 1970년에 만들어졌다. 여기엔 3400명의 조합원(2024년 기준)이 함께한다. 조합원은 계약 및 합의 해석 및 협상, 세무 상담 등 개별적인 문제에 대한 도움을 받을 수 있다. 계약 및 저작권 분쟁에 대한 교섭 또한 조합에 기댈 수 있다.*

파편처럼 흩어진 자리에서 혼자 쓰고 혼자 걱정하며 혼자 싸우고 혼자서 몸도 마음도 아파본 경험이 있는 이라면, 이제는 함께라는 다른 상상을 해보자고, 그 상상이 실현되기까지의 설레고 지난하며 거칠고도 온기 어린 시간 쪽으로 엉덩이 하나 살짝 걸쳐보라고 제안하고 싶다.

---

*   스웨덴 작가 조합에 관한 내용은 작가노조 준비위원회의 5차 연속 포럼(2024. 6)에서 이유진 번역가가 발표한 〈외국 작가노동조합 사례〉를 참조했다. 다시금 감사를 전한다.

작가노조,
매력적인
조직으로

이수경
2016년 동아일보 신춘문예에
단편소설 〈자연사박물관〉이 당선되어
작품 활동을 시작했다. 소설집
《자연사박물관》,《너의 총합》, 장편소설
《마석, 산 70-7번지》 등을 출간했다.

2023년 여름, 작가노조 준비위원회에서 전화를 받았다. 작가들의 집필, 출간 현실, 작가노조의 필요성 등에 관한 주제로 집담회를 준비하고 있는데, 소설 부문 토론자로 참여해줄 수 있느냐는 요청이었다(〈작가 집담회: 장르는 달라도, 우리는 모두 집필노동자입니다!〉, 2023년 9월 14일). 나는 생각을 좀 해본 뒤에 답을 드리겠다고 했다. 그리고 며칠간 '생각' 을 했다.

왜 나에게 연락을 주셨을까. 작품 활동, 출간, 원고료, 인세 수입, 강연 환경 등 작가라는 직업을 가진 사람들의 '노동' 현실은 어떤가. 그것은 정당하고 윤리적인가. 작가로서의 나의 삶(시간)은 임금으로 교환될 수 있는 것인가. 나의 일은 사회적 노동인가. 소설을 쓰는 나는 '노동자'인가……

그러나 굳이 많은 생각이 필요하지는 않았다. 신춘문예라는 시스템으로 등단한 8년 차 작가였던 나는, 자본주의 체제를 유지하기 위해, 바꾸어 말하면, 상품과 이윤을 창출하기 위해서라도 어쩔 수 없이 '보장해주어야' 하는 최소한의 사회적 안전망에조차 속하지 못하는 열악한 가내수공업자일 뿐이었다(그러나 가내수공업자의 조건에도 충족되지 못한다). 뭐라고 말해야 할지 알 수 없는, 이 세계의 상식으로는 이해할 수 없는 존재.

2025년 1월 기준, 나는 지난 9년간 대략 연 2회, 20여 편 정도의 단편소설과 산문 등을 문예지에 발표했고, 인터넷 언론지에 6년째 문학 칼럼을 쓰고 있으며, 단행본 3권, 공동저작물 4권을 출간했고, 수십 회의 강연과 책 관련 행사를 진행했다. 그간 내가 받은 단편소설 한 편의 원고료는 40~90만 원 정도였고, (그보다 나은 곳도 있겠지만, 더 열악한 곳도 있다) 평균 3년쯤 준비해서 출간한 단행본 1000권이 팔리면 책값의 10%, 세전 140만 원이라는 비현실적인 금액의 인세를 받는다. 지금은 상황이 좀 나아져서 원고청탁서에 원고료와 지급 시기가 명시되어 있기도 하지만, 그렇더라도 대개 문예지 출간 한두 달 뒤에나 고료를 받을 수 있고, 분명하게 정해진 날짜도 없다(6개월 이상을 기다리다가 '기어이' 받아낸 적도 있다). 단행본은 초판 1쇄에 한해 선인세를 받는 경우가 있으나 그 뒤로는 책이 얼마나 팔리는지 알 수 없고, (물어보면 알려주지만, 매번 그러기는……) 재쇄가 모두 소진되기 전까지는 몇 년이고 인세를 받을 수 없다(마지막 인세를 받은 후 3년간 판매 부수를 고지받거나 정산한 적이 없는 책도 있다). 강연과 북토크 같은 행사에서는 단 한 번도 강사료와 지급 시기에 대해 사전에 들은 적이 없다. 도서관이든 공공기관이든 개인이 운영하는 곳이든.

결론적으로 나는, 자신의 노동, 생산품(창작물, 강연 등)의 가격, 유통, 결제에 관해 거래하고 협상하는 것이 '관례상' 불가능한, 또는 그렇게 하는 것이 품위와 관련된 유일하고 이상한 직업군이었다. 그러니까 작가란 창작과 저작권 외에는 어떤 권리도 없으며, 노동만 존재할 뿐 노동의 결과가 사회화되는 과정 어디에도 실질적으로 참여하고 결정할 수 없는 직업을 가진 사람이었다.

　이것은 누구의 책임인가. 나인가. 출판사인가. 국가의 문화예술정책과 제도의 문제인가. 일정 정도 공공재로의 기능을 하는 창작물(개인적으로 그렇다고 생각한다), 창작자에 대한 인식의 문제인가.

　무엇이 문제이든, 개인의 의지로는 지금의 집필노동 환경을 변화시키기 어렵다는 것을 대부분 인식하고 있고, 이런 소외와 부당함, 문제의식에 대해 이따금 동료 작가들과 한탄 섞인 대화를 나누기도 하지만, 결국, '능력', '출세'와 같은 자괴감 어린 말들로 현실에 복종하고 만다.

　부조리한 현실을 개선하기 위해서는 집단의 힘이 필요하고, 집단은 뜻을 함께하는 양질의 개인들로 조직된다. 그 일의 출발점인 작가노조 준비위원회 첫 집담회에 왜 나를 토론자로 불렀을까(연락을 주신 분과는 친분이 없었다). 어쩌면 내가 쓴 소설 때문일지도 모른다고 생각했다.

　나의 첫 소설집 《자연사박물관》은 공장에서 노동조합을 만들어 활동하다가 해고되어 투쟁하는 노동자와 그 가족의 이야기를 담고 있다. 내용 대부분이 자전적인 연작소설이다. 그러니까 나는, 가족 중 누군가가 현실적으로 존재하는 위협을 감당하며 노동조합을 만든, 그런 이유로 부당해고를 당한, 짧지 않은 기간 자본과 불법에 맞서 싸운, 당사자들뿐 아니라 그 가족까지 추락하는 현실을 경험한 사람이고, 노동조합이 생겼을 때 임금 노예, 복종만이 전부인 노동자 개개인이 어떻게 자신의 일에 당당해지는지, 기계 부속품과 같았던 옆 노동자가 어떻게 운명을 함께하는 동료가 되어가는지, 노동자 자신의 힘으로 이룬 작은 개선들이 어떤 희망과 기쁨이 되는지 가까이에서 지켜본 사람이었다.

그러니 작가노조에서 어떤 이유로 연락을 해왔든 불참의 여지를 두지 않고 곧바로 수락했어야 했다. 그러나 그러지 못했고, 며칠간 망설였다. 경험이나 생각이야 어떻든, 발화에는 책임이 따라야 한다고 생각했던 것인데, 그 책임이란 이후 만들어질 조직에 주체적인 개인으로 참여할 수 있느냐는 것이었다. 여러 가지 이유로 자신이 없었다. 그 무렵 8년 차 작가였던 나는 여전히 작품 발표와 출간이 안정적이지 못한 처지였고, 그래서 현실적인 불이익이 있을지도 모른다는 빌어먹을 불안의 그림자가 비굴하게 고개를 들었다고 이제 와 고백한다. 그러니 설령 참여한다 해도 매우 제한적이고 소극적일 것임이 분명했다. 하지만 그런 소극적인 마음마저 외면할 수는 없었기 때문에 결국 집담회 토론자로 참여했고, 글을 쓰는 직업을 가진 당사자로서 부당하고 열악하다고 느끼는 현실에 대해, 작가는 노동자인가, 그렇다면 어디에 어떻게 개선의 방향을 요구할 것인가와 같은 불확실한 질문을 내려놓고 돌아왔다.

이후 작가노조 준비위원회는 여러 주제와 쟁점으로 집담회를 이어가는 듯했으며, 연대와 공동행동이 요구되는 활동에 참여해 동력을 만들어가는 한편 작가노조의 정식 출범을 위한 구체적인 준비를 해나가는 듯했다.

'……듯했다'라고 표현한 이유는 내가 그 모든 과정에 전혀 참여하지 못했기(않았기) 때문이다. 애초에 예상했던 것보다 더욱 실망스럽게, 소극적이고 방관적인 자세가 되어 회원 가입을 해야 할 시점에는 다시 한번 갈등해야 했다. 이런 태도로 이름을 올리는 것이 옳은가. 그러나 누군가의 노고와 분투로 결과를 취하는 기회주의자가 될 수는 없지 않은가.

나는 결국 작가노조 준비위원회에 가입해 드문드문 회비를 보내는 것으로 당장의 결정을 유예했고, 작가노조 출범과 함께 발간 예정인 단행본 원고 청탁을 수락했다. 이래도 되는지 여전히 갈등하고 부끄러워하며.

작가노조의 향방이 어때야 하는지 나는 아직 알지 못한다. 그러나 그간 지켜(만)보았던 운영진과 회원들의 열정, 절박함, 성실함에서 이것은 되는 일이며 잘되겠구나 생각했다. 그러나 조직이 그 목적을 수행하기 위한 힘을 가지려면 나 같은 소극적인 회원들의 마음을 흔들고, 다양하고 광범위한 사람들의 관심과 지지, 참여를 끌어내는 것이 필요할 텐데, 그것은 언제나 중요하고도 어려운 일일 것이다.

내가 작가노조 집담회에 참여한 일 등을 알고 있는 동료 작가 누구도 그것에 관해 묻거나 관심을 보이지 않았을 때 잠시 서운한 마음이 들기도 했으나, 사람의 마음을 당기는 구심력은 스스로 매력적인 존재가 될 때, 그 매력적인 존재와 함께하는 삶이 당위를 넘어 가치와 즐거움으로 느껴질 때 생겨나는 힘일 것이다. 방관하고 갈등하고 유예하면서도 내가 아직 그 자장 안에 있는 이유는 아마도 그것, 지금 작가노조 준비위원회 구성원들이 보여주는 지향의 매력 때문일 것이다.

어떤 형태든 삶을 유지하기 위해 수행되는 노동은 보호받아야 한다. 보호받지 못하는 노동의 현실에 저항하는 것이 바로 노동자성, 노동자의 마음일 것이다.

나는 노동자인가.

나는 노동자이다.

어떤 봄을
생각하는
어떤 겨울

이시도
주로 몽환적이고 서정적이고 현란한
하드 SF를 쓰며, 의식과 사회적 소통을
탐구한다. 요즘 세상에 굶어 죽기 딱
좋은 글을 쓰다 보니, 빚쟁이가 되었다.
불안과 불면과 불만을 횡단하며,
그럼에도 불구하고, 쓴다.

광장

비탄의 계절이고, 희망의 시간이다. 계엄이 있었고, 사람
들은 모였다. 내란의 주도자들은 체포되어 궤변을 늘어놓
고, 광장에는 각자의 깃발들이 합을 맞춰 춤을 춘다. 내란
을 별일 아닌 것처럼 넘기려는 자들이 입을 열고, 정체성
을 고백하고 연대를 고민하는 목소리들이 쌓여간다. 모여

든 자리에서 느끼는 간극과 상처에 힘이 빠지고, 모였기에 느낄 수 있는 감각과 생각지 못한 순간들에 힘을 얻는다. 불안과 기대가 섞여든다. 비관과 낙관이 교차한다. 작가노조가 발을 디딜 봄을 준비하는 겨울, 차가운 공기는 매일같이 들끓는다.

이 겨울 내내 난 마음 한구석 기이하게 자리 잡은 열병을 느낀다. 설명하기도 내어 보이기도 어려운 북적임을.

계엄령이 선포된 밤, 나는 긴장한 채 유튜브 화면만 바라보았다. 계엄이라는 단어는 내게 오랫동안 죽음의 선고처럼 여겨져왔고, 내가 할 수 있는 건 무력감과 불안감을 안고 숨죽이는 게 전부라고 생각했다. 영상 속에선 총을 든 군인들이 우수수 국회로 진입하고 있었다. 그리고, 모여든 사람들이 맞섰다. 그들이 막는 사이, 계엄령은 해제됐다.

얼얼한 기분으로 집회에 나섰다. 함께 행진하고 구호를 외칠 때의 북돋는 감각이 오랜만에 되살아났다. 벌떼처럼 사람들이 모여들었다. 곳곳에서 광장이 열렸다. 남태령에서, 한남동에서, 여의도에서, 광화문에서, 소규모 투쟁 사업장들에서 빛나는 순간들을 함께 목격했다. 밤새 라이브를 보며 발언 구절들을 메모했다.

그렇게 조금씩 내 안의 북적임이 선연해졌다.

나는 광장을 기다리고 있었다. 광장이 계속되길 바란다. 한계도, 주저하는 지점도 많겠지만, 그래도 이 역동적인 움직임이 덜컹거리며 계속되길 꿈꾼다. 이번 광장에서 느낀 어떤 가능성들이 지속적으로 사회를 들쑤시길 원한다. 돌아갈 일상이란 게 빈약한 나로서는, 이 모든 게 한때의 열기 같은 게 되지 않았으면 좋겠다. 결국 그렇게 될 거란 자조가 내 골방을 가득 채우고는 있지만.

골방

작가는 골방에 산다. 직업의 생리상 그럴 수밖에 없다. 작업 공간이 어디가 됐든, 어떤 분야의 글을 쓰든, 어떤 리듬과 패턴으로 작업을 하든 마찬가지다. 물리적으로, 그리고 정신적으로 작가는 자신만의 골방에 사는 순간을 가진다.

물론 분야에 따라 글 내용에 대해 적극적으로 협업하기도 한다. 취재를 위해 사람을 만나야 할 수도 있고, 자료 조사를 위해 밖으로 움직여야 할 수도 있다. 성향에 따라선 쓸 내용에 대해 주변 사람들과 함께 논의할 수도 있다.

하지만 작업을 시작하면 작가는 혼자가 된다. 머릿속으로 내용을 고민하고, 엮어내고 풀어내며, 촘촘히 수정하는 그 모든 작업의 순간은 홀로 해낼 수밖에 없기 때문이다.

나는 골방을 좋아한다. 골방에 틀어박혀서야 편안하고, 골방에서 하는 일들에 즐거워한다. 앞서 광장을 바란다고 하긴 했지만, 내가 살아갈 수 있는 곳은 골방임을 알고 있다. 나는 지극히 개인주의자이기 때문에 연대를 고민한다. 각자의 골방이 존중받을 수 있는 사회는 연대를 통해 가능하다 믿기 때문이다. 그리도 골방을 사랑하기에 자본주의 사회의 낙오자가 됐지만, 그래도 작가를 하기엔 괜찮은 성향이 아닌가 싶다. 나는 골방이 좋다.

하지만 그게 골방이 내 세계의 한계가 되길 바란다는 이야기는 아니다.

골방에서 사람은 취약해진다. 홀로 모든 문제를 마주하고 소화하고 해결해야 한다. 그럴 수 있다. 감안하고 선택한 일이다. 혼자 하는 일의 장점도 있다. 홀로 해낼 때의 뿌듯함도 있다. 괜찮다. 나쁘지 않다. 하지만 감당할 수 없는 짐을 지고, 어디에 제대로 말도 못한 채, 들리지도 않을 자맥질만 하며 시들어가는 자신을 마주하는 건 결코 괜찮지 않다.

기대

작가노조를 알게 된 건 2024년 5월이었다. 트위터에서였다. 작가들이 작가노동에 대해 이야기하는 뉴스레터가 연재 중이라는 게시물을 보았다. 작가노조라는 걸 만들기 위해 준비 중인데, 그 준비 과정 중 하나로 하는 일이라고.

5월 한 달 동안 연재되는 뉴스레터들을 하나하나 읽었다. 서로 다른 분야의 작가들이, 각자의 작업환경과 경험과 어려움에 관해 이야기하는 글들이 이어졌다.

마음이 북적였다(자주 그러지 않는다). 나만 그런 게 아니었구나, 하는 동질감만으로 위안이 되었다.

작가로서 겪는 경험과 어려움에 대해 작가가 아닌 사람들에게 이야기하기란 쉽지 않다. 물론 업계 밖 사람에게 상황을 설명하기 어려운 건 모든 직업군이 마찬가지겠지만, 작가라는 직업은 자본주의의 표준적 직군에서 애매한 위치에 있다 보니 더더욱 그렇지 않을까 싶다. 어떻게 설명할 수도, 상대가 이해해줄 수도 있겠지만, 그 과정이 불편하게만 여겨져 그냥 포기해버리곤 했다. 그렇다고 딱히 친한 동료 작가나 별다른 네트워크가 있는 것도 아니다 보니, 그저 홀로 추스르는 것에 익숙해질 수밖에 없었다.

그런데…… 그렇게 골방만 떠돌던 고민들이 다른 누군가의 경험으로 이야기되고 있었던 거다. 그것만으로 좋았다. 그렇게라도 공감하고 위안받고 응원을 주고받는 경험이 이어지면 좋겠다고 생각했다. 그러다 보면 혹시라도 함께 찾아갈 수 있는 답이 있을지도 모르겠다 싶었고.

막연한 기대와 흥미 속에서 작가노조 계정에 올라온 다른 게시물들을 읽었다. 작가노조를 준비한다는 사람들은 작가도 노동자이며, 최저임금을 보장받아야 한다는 이야기를 하고 있었다.

놀라웠다. 권리를 보장받기 위한 노동자들의 싸움들을 응원해오면서도, 막상 내 직업인 작가 역시 노동자라는 생각은 해본 적이 없었다. 분명 글을 쓴다는 게 고달픈 일이긴 했지만, 이건 자영업자의 일에 가깝다고 여겨왔기 때문이다. 솔직히 말하자면, 작가라는 건 직업조차 아닌 것처럼 여겨질 때도 많았다. 어쩌면 작가에 대한 사회적 시선을 의식해 위축되었던 건지도 모른다.

그러다 보니, 내가 가난하고 인기 없는 건 전적으로

나의 잘못이고, 글을 읽지 않는 사회에서 글을 쓰겠다 결정한 내 책임이며, 조금이라도 팔릴 방식으로 콘텐츠를 만들지 못하는 내 잘못이라고 생각했다. (어느 정도는 그럴 것이다. 그렇게 인정한다고 해서 근본적인 해법이 나올 리는 없겠지만.)

그런데 어쩌면 그게 당연한 게 아닐 수 있지 않을까. 작가노조 준비위원회의 글들을 보면서 그런 생각이 들었다. 어쩌면 정말 그런 게 가능할 수도 있지 않을까. 글쓰기로 최저임금을 보장받는다는 꿈 같은 일이 나 같은 무명 작가에게도 현실이 될 수 있지 않을까. 대체 어떻게 그걸 가능하게 하겠다는 건진 모르겠지만, 적어도 작가가 노동자라는 생각으로 모이는 것만으로도, 그 모든 게 조금씩 달라질 수도 있지 않을까. 막연한 기대가 속절없이 피어올랐다.

그런 막연한 기대 속에 준비모임에 나갔다. 어쩌다 보니 회의에 참여하고, 사업 준비나 논의 같은 것에도 함께해보게 되었다. 그렇게 은근슬쩍 '작가노조를 준비한다는 사람들' 중 하나로 있게 된 것 같다. 그냥 그렇게 되었다. 특별한 확신이나 비전은 없다. 기대는 있지만, 여전히 막연하다. 그래도, 적어도, 모두가 나름의 노력을 하는 속에 있는 기분은 나쁘지 않다.

노력

나는 자기소개를 좋아하지 않는다. 나를 몇 가지 키워드로 소개해보려 하면 난감해진다. 그러다 보니 할 수 있는 한 자기소개를 피하려 한다. 섣부른 예단 없이 판단을 꾸준히 업데이트해가며 서로를 알아갈 수 있었으면 한다. 효율과 마케팅이 중요한 현대사회엔 맞지 않는 취향이다.

물론 나 역시 결국 자기소개를 꾸준히 한다. 필요에 따라선 개성을 짜내 어필하며 작업 의뢰가 오길 기대하기도 한다. 그러다 보면 많은 것들이 단어 뒤에 은폐되기도 하고, 외면되기도 한다.

나는 결점이 많은 사람이다. 비겁하고 우유부단하다. 더 잘하려고 애쓰다 아예 마무리하지 못한 일들이 많고, 욕먹지 않으려다 상처를 준 적도 많다. 그래도 글은 꽤 써왔으니 어느 정도는 쓰겠지만, 글 밖의 생활에 있어선 한심한 부분이 많다. 사실 글쓰기에서조차 부족한 점이 많다. 점점 글 쓰는 게 두렵고 괴로운 일이 되어가고, 상인의 자세로 고심하는 척 회피하며 불안해하다가 마감에 닥쳐서야 졸작을 던져놓을 때가 많다. 지금 이 글조차 미루고 미루다가, 다른 마감을 죽어라 마치고 시름시름 앓은 뒤에, 결국 마감을 어기고서야 부랴부랴 적는 중이다.

그래도 노력은 하고 있다. 조금씩 노력해보는 중이다. 주변에서 보기엔 믿기지 않겠지만.

노력이란 단어는 많은 이들에게 부정적으로 여겨지는 듯하다. 버겁거나, 고리타분하거나, 하나 마나 한 단어라는 식으로. 내게도 조금은 그렇다. 하지만 때로 내게 노력이란, 명확한 목표를 위한 필요조건이 아니라, 삶을 살아가는 태도로 여겨진다. 부족한 한 개인이 연대하며 살아내기 위해 갖춰야 할 자세이자, 서로의 부족함을 메우며 삶의 조건을 바꿔내기 위해 공동체에 필요한 연대의 분위기 같은 것으로.

연대

세상을 이루는 원자들은 공유결합이란 걸 한다. 자신의 전자를 다른 원자와 공유하며 결합해 분자 구조를 형성하고, 이는 물질을 이루는 바탕이 된다. 때로 이렇게 결합한 원자들은 공명 구조라는 걸 형성하기도 한다. 모두가 일정한 기여도를 가지는 구조를 통해, 전자가 한곳에 편중되지 않으면서, 단순한 전체의 합과는 다른 양상의 상태가 되는 것이다. 서로의 파장을 맞추고, 다른 구조를 형성하는 것만으로도 많은 새로운 것들이 가능해진다.

내가 생각하는 노력이란 그런 것이다. 파편화된 개인의 성과와 책임만이 남은 자리에서, 노력은 가혹하기만 할 뿐 아무것도 보장하지 못하는 단어가 된다. 하지만 연대를 염두에 두면 의미는 달라질 수 있다. 우리가 서로의 한계를 인정하며, 공공의 감각을 찾고 함께할 수 있는 것들을 찾아나가고자 한다면, 개인으로만 남을 때보다 훨씬 적은 힘으로 더 많은 것들을 해낼 수 있다. 우리가 구조와 시너지가 가진 힘을 믿는다면, 그에 대해 끊임없이 성찰해나가면서 더 나은 구조를 만들기 위한 노력을 지속한다면.

이 책이 나올 즈음이면 작가노조는 정식 출범해 노조로서 본격적인 활동을 시작할 것이다. 해야 할 일들이 많다. 작가들의 현황을 파악하고 그것을 요구안으로 정리해 사회에 제시해야 한다. 작가의 노동자성을 인정받기 위해, 작가의 권리를 보장받기 위해 교섭과 투쟁을 지속해야 한다. 작가의 안정적이고 지속적인 활동을 보장할 제도 마련을 위해 지난한 협의와 선전도 이어나가야 한다.

쉽지 않을 것이다. 지칠 것이다. 실망하고, 상처받을

것이다. 해야 할 일은 쏟아지고, 안팎으로 침묵과 무관심이 쌓여갈 것이다. 와중에도 나는 끊임없이 숨고, 도망치고, 외면하고, 변명할 것이다.

그럼에도 불구하고, 걱정은 크지 않다. 비슷한 고민을 안고, 서로에게서 다른 자신을 발견하며, 함께할 수 있는 것들을 찾아보고자 하는 사람들이 모였다. 나쁘지 않은 시작이다. 앞으로 더 많은 고민과 과제들이 늘어나겠지만, 함께하고자 하는 사람들 역시 늘어날 것이다.

나는 그 연대가 가진 가능성을 믿는다. 함께여서 힘든 것보단 힘을 모아 할 수 있는 것들을 바라보고자 한다. 노력이란 단어 아래 서로가 소진되지 않도록 노력할 것이다. 덜컹거리고 헤맬 것이다. 그래도 된다. 서로에게 힘이 되기 위해 노력하며, 더 나은 삶의 조건을 위해 싸워가는 여정만으로도 충분한 변화다. 그 지점에서부터 서로가 바라는 것들을 조금씩 현실로 만들어나갈 수 있을 것이다.

나는 계속되는 광장을 바란다. 서로를 있는 그대로 받아들이며, 골방들을 안전하게 잇고, 각자의 한계를 보완해나갈 수 있는 공동체를 바란다. 지속적인 글쓰기가 가능하다고 믿을 수 있는 사회를 바란다. 돈 때문에 비참해지지 않고, 그보다는 나은 고민을 할 수 있는 세상을 바란다.

당연히 그 모든 게 한순간의 기적처럼 드라마틱하게 찾아오진 않을 것이다. 나는 그저 작가노조와 함께할 수 있는 것들을 조금씩 해보고자 한다. 나라는 부족한 사람이 결코 완성되지 않는 작가로서 그저 써나가는 것처럼.

작가노조 역시 긴 여정 속에서 점점 더 많은 것들을 해내게 될 것이다. 더 많은 작가와 함께하며, 수많은 작가의 일상이 되어. 꾸준히 퇴고해가며 알맞은 단어를 찾고, 문장을 연결해가며 문단을 발굴해내는 우리의 글쓰기처럼.

작가노조를
준비하다   2년간의 기록

안명희
노동책 작가. 전국불안정노동철폐연대
상임활동가이기도 하다. 문화예술노동자를
비롯해 권리를 박탈당한 노동자들을
탐색하고, 이들 노동자의 노동권 보장을
위해 필요한 것은 무엇인지를 찾아가고
있다. 함께 쓴 책으로《모두를 위한 노동
교과서》,《모든 노동에 바칩니다》,《들꽃,
공단에 피다》등이 있다.

2023년 3월,
작가노조를 만들자고 제안하다

전국불안정노동철폐연대 활동을 하면서 이리저리 만났던
손소희, 성상민 등 몇몇 동지들에게 작가노조를 만들자고
제안했다. 어찌 될지 모르겠지만, 일단 시작만이라도 같이
해보자고 했다. 그렇게 우리는 '작가노조(준)'이라는 텔레

그램 대화방에 모였다.

　돌이켜 생각해보니, 작가노조를 만들자고 제안하면서 왜 작가노조를 만들고 싶은지, 왜 작가노조를 만들어야 하는지에 대해 설명하지는 않았던 것 같다. 그런데도 두 동지는 알겠다고 했고, 2년 내내 나와 함께 작가노조 준비위원회를 운영했다. 어찌 보면 노동조합 활동을 한다는 것 자체가 너무도 당연한 일이라 굳이 부연이 필요치 않았을 수도 있겠다.

　이렇다 할 설명을 덧붙이지는 않았지만, 작가노조를 만들자고 제안할 때 염두에 두었던 몇 가지 분명한 이유는 있었다. 우선, 문화예술노동연대 대표로 예술인 관련 법제도 대응을 하면서 작가 전체를 대변할 노조가 없다는 한계를 확인했다. 예술인 고용보험법 마련을 위해 가장 앞장서 싸웠던 건 문화예술 분야 노동조합들이었다. 제대로 된 예술인 고용보험을 도입하기 위해 여러 예술 현장에서 많은 논의가 필요했는데, 특정 장르를 넘어 작가 전체의 상태와 요구를 말해줄 노조가 없었다. 이어 예술인 산재보험 당연적용·전면적용 요구를 하는 과정에서 정부가 작가를 가장 먼저 배제하려 했는데, 이에 맞선 투쟁도 필요했다. 지난 몇 년간 정부·국회를 상대로 법제도 대응을 해오면서 나는 무엇보다 작가 전체 집단의 목소리를 낼 노동조합이 절실해졌다.

또한 언론노조 출판노조협의회 의장으로 출판사용자단체인 대한출판문화협회를 상대로 단체교섭을 요구하는 활동을 전개하면서, 더 강력한 투쟁이 필요하다고 생각했다. 책을 쓰는 노동자와 책을 만들고 파는 노동자들이 연대하여 싸운다면 출판자본이 중심인 시스템을 출판노동자가 중심인 시스템으로 변화시킬 강한 힘이 만들어지지 않을까, 출판노조와 작가노조의 연대파업으로 책 생산을 멈출 수 있다면 진짜 단체교섭이 가능해지지 않을까 상상했다. 그래서 작가노조를 만들어보겠다고 결심한 것이다. 그 옛날 네이버 카페에 출판노동자협의회(언론노조 서울경기지역출판지부 전신)를 만들고 활동하던 경험을 살려, 작가노조를 만들기 위해 다시 용기를 내보겠다 한 것이다.

무엇보다 작가노조에 대한 상상과 바람을 현실화하게 된 가장 강력한 동기는 《검정고무신》을 그린 이우영 작가의 죽음이었다. 그의 죽음을 통해 작가 개인이 출판사에 맞서 싸운다는 것이 얼마나 힘겨운 일인지, 작가의 권리보다 출판사의 이윤이 먼저인 이 구조가 얼마가 공고한지 모두가 확인할 수 있었다. 작가의 죽음이 다시없기 위해서라

도 이젠 작가도 노동조합으로 한데 뭉쳐 출판자본에 맞서
야 한다고 생각했다. 책을 쓰고 만드는 모든 이들이 고통
을 겪지 않게 하기 위해서라도 작가노조를 만드는 일을 더
는 미룰 수 없을 것 같았다.

2023년 9월,
할 말 많은 작가들의 집담회를 열다

처음 작가노조 준비위 단체 대화방에 모인 인원은 겨우 서
넛이었다. 몇 개월간 틈틈이 온라인으로 만나 두루 이야기
를 나눴지만, 별다른 진전은 없었다. 우리가 정말 노조를
만들고자 한다면, 노조 설립을 현실화하고자 한다면, 초동
주체를 형성해야 했다.

그 구체적 방안으로 기획한 것이 바로 〈작가 집담회:
장르는 달라도, 우리는 모두 집필노동자입니다!〉였다. 집
담회를 통해 장르마다 각기 다른 집필노동의 세부 상황을
확인하면서 작가들이 처한 공통의 노동 문제를 찾고, 이것
의 개선과 변화를 위해 작가노조를 준비하고 있다는 사실
을 현장 작가들에게 알린다면 초동 주체를 형성할 수 있을

거라고 기대했다.

그래서 장르별로 집담회에 나와서 이야기를 해줄 작가들을 찾았다. 알음알음 건너건너 요청을 하다 보니 집담회 당일에야 처음 인사를 나누게 된 이들이 꽤 있었다. 희음(시), 이수경(소설), 황모과(SF), 은유(르포), 박권일(인문사회), 이유진(번역) 작가가 나와줬고, 플로어에도 많은 이들이 모였다. 현장의 뜨거운 분위기를 봐서는 작가노조의 첫발을 뗄 수 있을 것 같았다.

이때부터 본격적으로 작가노조 준비위를 알려내기 시작했다. 언론 인터뷰도 마다하지 않았고, 준비위 참여 링크를 공개하고 작가들을 초대했다. 서넛이 전부였던 단체 대화방이 북적이기 시작했다. 그전에는 언제든 그만둬도 상관없었는데, 이제는 정말 앞으로 나아가야만 했다. 흥분과 걱정, 두려움이 뒤섞이던 시간이었다.

2023년 11월,

연속포럼을 시작하다

작가노조 준비위에서는 가장 먼저 '연속포럼'을 진행했다.

작가의 노동에 대한 이해, 작가의 노동조합 활동에 대한 구상 등을 논의하기 위한 자리였다. 우리의 노동에 대해 세부적으로 살펴보면서, 작가노조 준비위 안팎의 여러 작가를 직접 만났다.

2023년 11월 표준계약서를 시작으로, 문단 내 성폭력, AI 규제, 작가 능력주의, 예술인 노동조합 사례, 문화산업공정유통법, 예술인 4대보험 및 최저임금, 2023년 할리우드 파업, 노동법과 예술인법, 노동조합과 단체교섭 등의 주제로 2025년 2월까지 포럼이 이어졌다. 주로 준비위에서 활동하는 작가들이 발제를 맡았고, 그 발제들을 토대로 작가노조의 구체적인 내용을 채워가고자 했다.

연속포럼에서도 확인한바, 기존 노동의 언어로는 작가의 노동을 설명하기 어렵다. 현재의 노동법 체계에 작가의 요구를 끼워 맞추는 것은 되레 차별과 배제의 결과를 낳는다. 그렇다면 작가의 상상력을 통해 노동의 언어를 새롭게 해석하고 확장해내는 일이 필요하다. 이는 작가노조의 과제이다.

2024년 1월,
작가도 안전하고 건강하게
글을 쓸 권리가 있다

2024년 새해 벽두부터 작가노조 준비위는 언론노조 방송작가지부, 여성노조 디지털콘텐츠창작노동자지회, 웹툰작가노조, 문화예술노동연대와 함께 〈작가들은 요구한다! 윤석열 정부는 예술인에게 산재보험을 적용하라!〉라는 기자간담회를 열었다.

2022년 노·사·정이 모여 몇 개월간 예술인 산재보험 적용을 위한 포럼을 진행했는데, 2023년 정부는 예술노동자를 배제한 채 논의를 이어가고 있었다. 국회 토론회 등을 통해 정부 입장을 확인한바, 윤석열 정부는 예술인 산재보험 적용에 대한 의지가 전혀 없었고, 무엇보다 현장의 목소리를 누락한 채 제도안을 설계하고 있었다. 이에 대응해 우리는 여러 예술인 노동조합들과 함께 작가 산재 실태를 드러내고, 정부 논의의 문제점을 구체적으로 짚으면서 산재보험 적용에 대한 예술 현장의 요구를 다시 한번 확인하고자 했다.

작가들 역시 아프거나 죽지 않고 건강하고 안전하게

글을 쓸 권리가 있다. 그러나 근로기준법상 근로자임을 입증하지 못한다는 이유로, 사업주에 종속되어 일하지 않는다는 이유로, 생계의 주된 수입이 예술 활동에서 얻어지는 게 아니라는 이유로, 일하는 시간과 장소를 선택할 수 있다는 이유로, 하물며 자신이 하고 싶어서 하는 일이라는 등의 이유로 노동하는 사람이라면 당연히 보장받아야 할 사회안전망이 작가들에게는 그저 그림의 떡일 뿐이다. 그래서 작가노조는 지금의 법제도를 뛰어넘는 투쟁을 할 수밖에 없다.

2024년 3월,
알라딘 전자책 유출 사태에 대해
입장을 발표하다

2023년 5월, 온라인 서점 알라딘에서 전자책 유출 사태가 발생했다. 이에 작가노조 준비위는 어린이청소년책작가연대, 웹툰작가노조, 한국과학소설작가연대, 한국작가회의와 함께 '알라딘 전자책 유출 사태 해결을 위한 저작권자 모임'을 구성하고 대응을 시작했다. 2024년 들어서는

"알라딘은 전자책 유출 사태 합의에 저작권자와 교섭하라. 저작권자가 배제된 논의를 반대한다"는 성명서를 함께 발표했다.

　　이 같은 공동 대응과 별도로 작가노조 준비위는 '알라딘 전자책 유출 사태에 대한 피해사례 및 요구사항'에 관한 설문조사를 실시했고, 그 과정에서 한국 책 일부가 중국으로 불법 유출되었다는 제보도 받았다. 설문에 참여한 작가들은 알라딘 전자책 유출 사태로 인한 피해 중 출판사, 알라딘, 한국저작권보호원 등의 정보 공유에서 배제된 점을 가장 많이 지적했고, 실제 책이 유출되었으나 이에 관해 제대로 피해보상을 받지 못했다고 응답했다.

　　이에 작가노조 준비위는 자체 설문조사 결과를 발표하면서 다음의 네 가지를 요구했다. "① 문화체육관광부는 전자책 유출 관련 현장조사를 실시하라! ② 알라딘은 작가단체와 직접 협의하라! 피해 작가에게 직접 배상하라! ③ 대한출판문화협회와 한국출판인회의는 작가 배제에 대해 사과하라! ④ 작가 권리 보장을 위해 '노(작가노조 준비위)·사(대한출판문화협회)·정(문화체육관광부) 협의체'를 구성하라!"

　　알라딘 전자책 유출 사태에 대응하면서 자신의 책이

유출되었음에도 피해보상과 대책 논의에서 배제되는 작가들의 현실이 뼈아팠다. 정부와 출판사용자단체를 대상으로 한 작가노조의 활동이 결코 만만치 않으리라는 것을 짐작할 수 있었다.

2024년 5월,
작가로 살아가기 위한 비용을 묻다

2024년 작가노조 준비위는 5월 1일 노동절을 맞아 두 가지의 사업을 진행했다. 집필노동에 필요한 비용을 묻는 설문조사가 하나였고, 그 후속 작업으로 발표한 릴레이 에세이 〈작가노동을 말하다〉가 다른 하나였다.

계속해서 오르는 물가에 비해 너무 오랫동안 동결되어온 원고료에 대한 사회적 논의가 필요한데, 이를 위해 작가들이 글을 쓰는 데 지출하는 비용을 확인하는 것이 효과적일 수 있다고 보았다. 그래서 집필 활동에 반드시 필요한 것은 직접비용으로, 필수적이지는 않지만 관련성이 있는 것은 간접비용으로 구분해 설문을 진행했다. 직접비용 항목에서는 '식비와 의료비'가 가장 높았고, '작업공간

및 주거공간 비용'이 그 뒤를 이었다. 작가는 집 안이든 외부든 일하는 공간을 스스로 확보할 수밖에 없는데, 이는 간접비용에서 '대출 상환 등 금융 관련 비용'이 높은 것과도 연결된다.[*]

릴레이 에세이를 통해 밝힌 작가들의 일과 삶은 열악했다. 늦었지만 이제라도 생계를 유지하기 위해, 또 글을 쓰는 일을 지속하기 위해 작가의 임금은 어떠해야 하는지 제대로 논의를 시작해야 한다. '직업'은 "생계를 유지하기 위하여 자신의 저성과 능력에 따라 일정한 기간 동안 계속하여 종사하는 일"을 말한다. 글을 쓰는 일도 직업이다. 작가도 먹고살아야 한다.

2024년 6월, 작가노동자 선언 〈글쓰기도 노동이다〉

2024년 6월 22일, 작가노조 준비위는 오프라인 전체회의

---

[*]　전체 설문조사 결과는 다음에서 확인할 수 있다. https://authorlabor.glivery.co.kr/p/2348402052137

를 열고 노조 추진의 실질적 동력이 될 회원을 모집하기로 결정했다. 작가노조의 향후 활동 방향과 내용을 만드는 중요한 의사결정 권리를 가지게 되며, 조직을 건설하고 유지하기 위해 회비를 납부할 의무가 있는 회원을 모집하는 가입 절차를 마련한 것이다.

그리고 6월 26일 서울국제도서전이 열리던 날, 작가노조 준비위 작가들은 〈작가노동자 선언: 글쓰기도 노동이다〉라는 기자회견을 열었다. 글쓰기 노동을 하며 살아가는 작가의 삶과 일상이 안녕하기 위해, 오랜 고립과 폄하와 빈곤화를 넘어서기 위해 무엇이 필요한지를 묻고 또답하기 위해, 작가노동의 조건과 권리를 범사회적으로 담론화하고 제도적으로 정립하는 과정을 만들어가기 위해 작가도 노동자임을 선언한 것이다.

글쓰기 노동은 외견상 독립적인 노동, 자유로운 노동인 것 같지만 사실상 자본의 지배 아래 있다. 심지어 글쓰기는 종종 노동이 아닌 것으로 폄하되며, 노동의 주체인 작가는 일하는 사람이라면 당연히 보장받아야 할 모든 법제도 바깥에 존재하고 있다. 그래서 작가는 우리 사회의 대표적인 불안정노동자이다. 작가도 노동자라는 선언은 모든 불안정노동자들과 연대하여 투쟁하겠다는 작가노조 준비위의 다짐이기도 하다.

2024년 12월,
첫 번째 성평등 워크숍을 열다

작가노조 준비위는 내부에 성평등위원회를 구성하고 관련 논의를 꾸준히 이어왔다. 성평등위원회가 주관하는 첫 번째 워크숍은 오빛나리 작가가 이끌었는데, 성폭력 문제의 구조적 이해, 안전한 창작 환경과 공동체 조성을 목표로 진행되었다. 발제 이후 이어진 조별토론에서 가장 많이 이야기된 것은 성평등한 구조와 문화를 어떻게 함께 만들어나갈 수 있는가였다.

작가노조 준비위가 성평등위원회를 별도로 구성한 것은 무엇보다 우리가 만들 노조, 우리의 조직은 어떠해야 하는지에 대해 말하기 위해서였다. 성평등위원회는 작가노조 준비위의 성격과 지향점을 만들어가는 데 주요한 역할을 한다. 작가노조의 성평등한 구조와 문화를 만들기 위한 성평등위원회의 활동은 노조 정식 출범 이후에도 계속될 것이다.

2025년 2월,
민주노총 금속노조 가입을 결정하다

2025년 2월 15일, 우리는 회원 가입 절차를 결정했던 2024년 6월 이후 반년 만에 다시 오프라인 전체회의를 열었다. 작가노조 준비위의 중요한 두 가지 사항을 결정하기 위함이었다.

우선, 상급단체 결정이었다. 그동안 작가노조 준비위는 민주노총의 여러 산별노조를 만나며 조직 가입에 대해 논의했다. 사실 그 일련의 과정들이 결코 쉽지만은 않았다. 작가의 노동과 작가의 노동조합에 대해 설명하는 건 만만치 않은 일이었다. 산별노조의 입장에서는 작가에 대한 흥미나 관심과 별개로 작가노조의 교섭투쟁이 부담스러울 게 분명했다.

작가노조 준비위가 독립노조가 아닌 민주노총 산별노조 가입을 선택한 데는 작가의 노동자성 입증 문제를 피해 갈 수 없을 테니 노조설립신고 필증을 받기 위한 투쟁에 힘을 뺏기지 않고 바로 교섭투쟁에 돌입하겠다는 의도가 있었다. 그래서 우리는 가장 잘 싸울 수 있는 노조를 선택했다. 우리의 가입을 허한 노조는 단 두 개뿐이었는데, 그 가운데 금속노조가 있었다는 게 정말 다행이었다. 결국 우리는 여러 우여곡절 끝에 금속노조에 가입하기로 결정했다.

그리고 작가노조의 첫 위원장을 선출했다. 노조 창립 총회라는 절차를 밟아야 하지만, 적어도 위원장은 누가 맡을 것인지에 대해 미리 정하고 노조 추진을 할 필요가 있었다. 작가노조의 1기 집행부는 준비위 성원 모두가 논의해 결정하는 게 가장 좋겠다고 봤다. 이에 오빛나리 작가가 쉽지 않은, 그러나 힘 있는 결의를 밝혔다. 멋졌다.

이제 나는 작가노조 준비위에 속해 있는 여러 작가가 함께 작업한 이 책의 출간과 작가노조 단체교섭 및 법제도 요구안 마련을 위한 '2025 작가의 노동과 생계에 관한 설문조사'의 마무리 작업을 앞두고 있다. 지난 2년간의 활동을 토대로 출범하게 될 작가노조가 금속노조와 함께 어떤 새로운 그림을 그려나갈지 기대해본다.

《작가노동 선언》

알라딘 독자 북펀드에 참여해주신 분들 (가나다순)

강대호	김온	레나 이동은
강병일	김우경	령
강승우	김원재	류호성
강승일	김윤희	림고와복실
강현아	김이삭	마나파이
고정순	김이설	명훈
권누리	김일규	무곰곰
글밥	김재형	민이안
김강산	김정민	박성우
김누리	김주원	박소희
김동욱	김지연	박수치는 박하하
김동호	김지현	박숙회
김민성	김진주__글쓰다드미	박지영
김보영	김태운	박진서
김보영 조정윤	나비연	방구석 글쟁이
김선민(괴이학회)	나연만	백수영
김선순	남상백	백재호
김성우	낭독서점시집	백지혜
김성주	달꽃 한보람	변진수
김소리	데어	별나라
김수인	데이나	보란
김슬기	독서붉은온다	보리
김시은	라수	봄만 남기고 다 봄
김예온	라유경	북앵커 아테네학당

사서 공부연
서윤지
서한용
성명순
성상민
소양
손소희
손윤경
손진원
손현아
송미경
신다다
신혜림
신훈정
심혜진
양승광
양양
여유만만한요셉
연중무휴
오창록
우현선
유이분
윤도현
윤미진
윤은성
윤이나
윤지영
율우영
이다현

이도승주
이동근
이민아
이방림
이브
이산
이수진
이수현
이심지
이인경
이젊은
이지용
이퐁
이해민
이향춘
이홍
이효연
이희연
임소운
임순광
임지이
장일호
장천
전소현
전욱
전혜진
정(씨)직원
정보근
정선임

정소히
정현철
조경숙
조별
조약돌
조연진
조원경
조은유
조해진
주미진
주정민
주정현
지늉
진냥
진형우
차현지
천희란
초록연필 김여진
최숙하
최주아
최지선
태태
하루
하미나
한재현
현소현
황유미
황지운

작가노동 선언

초판 1쇄 펴낸날	2025년 4월 25일
지은이	작가노조 준비위원회
펴낸이	박재영
편집	임세현·이다연
마케팅	신연경
디자인	조하늘
제작	제이오
펴낸곳	도서출판 오월의봄
주소	경기도 파주시 회동길 513 203호
등록	제406-2010-000111호
전화	070-7704-2131
팩스	0505-300-0518
이메일	maybook05@naver.com
X(트위터)	@oohbom
블로그	blog.naver.com/maybook05
페이스북	facebook.com/maybook05
인스타그램	instagram.com/maybooks_05
ISBN	979-11-6873-145-5 03300

만든 사람들

책임편집	박재영·임세현
디자인	조하늘